실용주의

차례
Contents

실용주의란 무엇인가?

실용주의와 프래그머티즘

'실용주의'라는 단어는 미국의 고유한 철학이라고 할 수 있는 프래그머티즘Pragmatism에서 비롯된 것이다. 프래그머티즘은 본래 인간의 지적인 활동이 의심으로부터 시작된다고 보는 데서 시작한 철학 운동이다. 프래그머티스트들은 의심되는 문제를 해결하기 위한 가설을 생각해 내고 그 가설을 실제로 검증해 봄으로써 문제해결에 도달할 수 있다고 주장했다. 이러한 실천적 과정을 거쳐 문제가 해결되면 우리는 전보다 더 나은 상황에서 살 수 있다는 것이다. 이런 의미에서 프래그머티즘은 인간의 지식이 가지고 있는 실천적 유용성을 중시하는 철학적 태도라고 할 수 있다.

그러나 오늘날 '실용주의'라는 단어는 프래그머티즘이 가지고 있는 사상적인 내용과는 다른 의미로 일상적으로 널리 사용되는 단어가 되었다. 철학적인 주제 영역을 벗어나서 이 단어가 통용되기 시작하면서 프래그머티즘과 실용주의는 어떤 의미에서는 전혀 별개의 단어가 되었다고 해도 과언이 아닐 정도이다. 그렇기 때문에 본래 철학사상으로서의 프래그머티즘을 실용주의라고 번역하는 것은 곤란하다. 그러나 철학계에서조차도 이 두 용어가 혼용되고 있고, 일반인들에게는 프래그머티즘이라는 단어가 거의 알려져 있지 않기 때문에 나는 여기서만 예외적으로 철학사상을 지칭할 경우에도 독자의 편의를 위해 '실용주의'라는 단어를 사용하고자 한다.

'프래그머티즘'이 나름대로의 원칙과 세계관을 가지고 있는 철학적 입장이라면, 우리가 일상적으로 사용하는 '실용주의'는 그런 철학적 입장이라기보다는 특정한 태도를 일컫는 단어가 되었다. 그 특정한 태도란 대개의 경우 어떤 목적을 효율적으로 달성하는 것을 최우선적인 가치로 삼으면서 이념이나 원칙 같은 것은 부차적인 것으로 보는 태도를 말한다. 예컨대 덩샤오핑의 '흑묘백묘론'은 정치적인 이념을 떠나서 중국 인민의 삶을 향상시키기 위한 실용주의적인 입장이라고 말할 때, 여기서 말하는 실용주의란 사실상 미국에서 태동한 철학적 관점으로서의 프래그머티즘을 일컫는다고 하기는 어렵다. 그것은 다만 이념이나 원칙을 떠나서 결과를 중시하겠다는 태도의 표명인 것이다. 그렇다면 이런 식으로 사용된 '실용주의'라는 단어의 사용은 원래의 프래그머티즘이 가지고 있는 의미를 왜곡하거나 훼손하고 있는 것일까? 이런 질문에 대해서 답하기는 쉬운 일이 아니다. 프래그머티즘에는 그와 같은 결과 중시의 관점이 포함되어 있을 뿐 아니라, 어떤 정책을 실행한 결과 많은 사람들이 더 행복해 졌다면 프래그머티스트들이 그런 정책의 실행에 반대할 이유는 없기 때문이다. 그러나 그렇다고 해도 어떤 태도를 지칭하는 용어로서의 실용주의와 철학적 입장으로서의 프래그머티즘을 동일시할 수는 없다. 이런 동일시는 결과적으로 철학으로서의 프래그머티즘에 대한 심각한 오해를 불러일으킬 것이며, 불필요하고 소모적인 철학적 논의를 낳을 위험이 있기 때문이다.

실용주의라는 단어를 없애고 프래그머티즘이라는 단어만 사용하기로 하는 것도 좋은 해결책은 될 수 없다. 실용주의라는 단어는 이미 우리의 일상언어 속에서 자리를 잡았으며, 나름대로의 의미를 가지고 사용되고 있기 때문이다. 이것은 마치 지동설이 입증된 다음에 태양이 지구 주위를 돌지 않는다는 것을 모든 사람이 알게 되었지만 여전히 해가 뜬다거나 해가 진다는 식으로 말을 하고 있는 것과 같다. 실용주의라는 단어는 프래그머티즘이라는 철학적 입장이 우리말로 번역되고, 또 그것이 일상언어의 맥락으로 들어오는 가운데 그 본래 의미의 특정한 부분만을 갖게 된 사례가 아닐까 생각한다. 따라서 '실용주의란 무엇인가?'라는 물음은 일상언어적인 용법을 가진 단어의 의미를 묻는 것인지 아니면 미국에서 태동한 철학적 관점에 대한 물음인지가 분명하지 않은 물음이다. 그러나 이러한 애매모호함은 실용주의란 무엇인가 혹은 프래그머티즘이란 무엇인가하는 문제를 설명하기에 적절히 활용할 수 있는 장애물이 될 수도 있다. 일상언어의 맥락에서 혹은 우리가 상식적으로 생각하는 실용주의의 뜻에 비추어 철학적 관점으로서의 프래그머티즘이 어떻게 다른지 설명해 볼 수 있기 때문이다.

물론 이런 작업에는 위험이 뒤따른다. 일상언어의 맥락은 너무나도 다양하기 때문에 실용주의라는 단어가 어떤 쓰임새를 가지고 사용되는지 모두 추적할 수 있는 것도 아니고, 사람들마다 그 단어의 의미에 대해 느끼는 뉘앙스가 다를 수도 있을 것이다. 일상적으로 사용되는 실용주의라는 단어는 맥락에 따라서 문제해결을 위한 최선책이라는 긍정적 의미를 갖기도 하고, 또 다른 맥락에서는 원리 원칙을 저버리고 오로지 이익만 추구하는 천박한 입장이라는 부정적 의미를 갖기도 한다. 더욱이 철학적 관점으로서의 프래그머티즘이라고 할 때에도 우리가 실용주의하면 떠 올리게 되는 유명한 프래그머티스트들의 입장을 하나로 묶을 수 있는 분명한 카테고리가 존재하는 것 아니다. 따라서 일상적인 의미의 실용주의와 철학적 입장으로서의 프래그머티즘을 대조해가면서 설명하는 것은 논자의 임의적인 해석이 개입될 수밖에 없고, 이것은 분명하게 잡을 수 없는 모호한 단어의 의미를 너무나도 간단히 처리해 버리는 것이 될 수도 있을 것이다.

그러나 프래그머티즘이라는 미국의 철학적 입장을 일반 독자들에게 가급적 간단하고 쉽게 소개한다는 '실용주의적'인 관점을 받아들이기로 하고 그런 경우에만 실용주의라는 단어를 잠정적으로 통용하기로 한다면, 이런 무리한 시도가 전혀 정당화될 수 없다고 생각할 필요는 없을 것이다.

실용주의의 격률

실용주의의 원어인 프래그머티즘Pragmatism은 그리스어의 프라그마pragma에서 유래했으며, 이 단어는 '실제' '실천' 등의 의미를 가지고 있다. 프래그머티즘이라는 용어를 만든 것은 퍼스(Charles Sanders Peirce, 1839~1914)였는데, 그는 이 단어를 그가 거의 암기하다시피 읽었던 칸트의 저서에서 발견하고, 자신의 입장을 실용주의라고 명명한 것이다.

퍼스가 이런 용어를 생각하게 된 것은 의미론적인 배경을 가지고 있다. 퍼스는 어떤 단어가 의미를 갖는다고 할 때 그것이 무엇을 의미하는지를 분명히 해야겠다고 생각했다. 예를 들어 어떤 사람이 '이것은 컵이다'라고 말하면서 자기 앞에 놓여 있는 흰색의 물체를 집어 올렸다고 해보자. 우리는 그가 컵이라는 단어의 의미에 대해서 잘 알고 있고, 그가 연필이나 지우개를 컵이라고 말하지 않고 있다는 것을 어떤 근거에서 말할 수 있을까? 그것은 우리가 컵이라고 일컫는 것에 대해서는 언제나 거기에 물을 따라서 마시거나 커피나 차를 타서 마시는 용도로 사용하고 있고, 그가 말한 대상이 그렇게 할 수 있는 어떤 것임을 알고 있기 때문이다. 간단히 말하면 우리는 그것으로 물을 마시거나 차를 마심으로써 컵의 의미에 대해 말할 수 있다. 퍼스는 어떤 개념의 의미에 대해서 말하기 위해서는 그 개념을 가지고 우리가 어떤 실천을 했을 때 생길 수 있는 실제적인 결과를 고려해야 한다고 생각했다. 이것을 흔히 실용주의의 격률(pragmatic maxim)이라고 부른다.

> "실제적인 뜻을 지닐 무슨 결과를 우리가 우리의 개념화의 대상이 지니리라고 마음에 떠올리는지 고찰하라. 그러면 이러한 결과들에 대한 우리의 개념이 그 대상에 대한 우리 개념의 전체이다."[1]

퍼스가 이러한 실용주의의 격률을 제시하면서 실제로 들었던 예는 '다이아몬드는 단단하다'라는 문장이다. 무엇이 '단단하다'라는 개념의 의미는 무엇일까? 어느 정도 되어야 어떤 것을 단단하다고 말할 수 있을까? 플라톤식으로 단단함의 이데아 같은 것이 있어서 현실적으로 존재하지 않는 그런 기준에 비추어볼 때에만 단단함의 의미를 말할 수 있는 것일까? 아니면 사람들에게 설문 조사를 해서 사람들이 일반적으로 생각하는 단단함의 기준을 찾을 수 있는 것일까? 퍼스의 생각은 무엇을 단단하다고 말할 때 그것의 의미를 알기 위해서는 그 대상을 다른 것과 부딪쳐보거나 긁어서 홈집을 내보는 식의 실천적인 과정이 필요하다는 것이다. 실용주의의 격률은 우리가 어떤 단어의 의미를 알고자 할 경우 그 단어의 의미를 담지하고 있을 것이라고 생각되는 대상에 대해 이러저러한 실험을 하거나 조작을 가했을 경우에 발생할 수 있는 실제의 결과들을 생각해 보고 그 결과들을 그 개념의 의미로 간주할 수 있다는 것이다.

퍼스는 나중에 제임스가 이러한 실용주의의 격률을 철학적인 진리론으로 확장시키는 것에 대해 실망하고 자신의 입장을 프래그머티즘이 아닌 프래그머티시즘pragmaticism이라고 불렀지만, 이 격률에 포함된 몇 가지 태도는 실용주의의 일반적인 의미를 이해하는 데 중요하다. 이 격률은 실천적인 과정을 통해서 얻어진 결과를 두고 어떤 대상에 대해 이야기해야 한다는 실천주의적이고 경험주의적인 측면을 포함하고 있다. 이것은 전통적인 철학적 관점이 보여주었던 관념론적, 형이상학적, 선험론적인 논의를 거부하는 데서 비롯되고 있다고 볼 수 있다.

실용주의의 몇 가지 특징

철학으로서의 실용주의는 퍼스가 제안한 실용주의의 격률이 여러 실용주의 철학자들에 의해 다양한 학문 분야와 인간관 및 세계관으로까지 확장되어 형성된 사조라고 할 수 있다.

그런데 실용주의 철학자들의 관심 분야와 세계관이 조금씩 다르기 때문에 실용주의의 특징을 간단히 말하기는 쉽지 않다. 예컨대 수학과 논리학, 물리학, 지리학 등에 정통했던 퍼스의 경우에는 실재론적인 세계관을 가지고 있었고, 객관적인 진리에 접근해 들어갈 수 있다는 생각을 포기하지 않은 형이상학자였다면, 화학, 심리학, 생리학 등에 관심이 있었던 제임스(William James, 1842~1910)는 반실재론적이며 반형이상학적인 성향이 강한 철학자였다. 그러나 그럼에도 불구하고 단순화를 무릅쓴다면, 이후에 등장하는 듀이(John Dewey, 1859~1952)와 로티(Richard Rorty, 1931~2007) 등과 같은 철학자들의 관점을 모두 포괄할 수 있는 실용주의 철학의 특징을 몇 가지로 말해 볼 수 있을 것이다.

첫 번째의 공통적인 특징은 실용주의 철학자들은 모두 다윈의 영향을 강하게 받고 있다는 것이다. 찰스 다윈의 진화생물학은 비단 생물학에 있어서 획기적인 의미를 갖는 학문적 업적일 뿐 아니라 사상사적인 면에서도 큰 영향을 미친 관점이라고 할 수 있다. 다윈의 진화론은 플라톤 이래 거의 도전받아 본 적이 없는 인간에 대한 본질주의적인 관점에 대해 심각한 의문을 제기했다. 인간에게 있어서 초역사적인 보편적 본성이 존재한다고 주장하는 것은 진화론적인 관점에서 보면 인간을 신비화한 것이고, 과학적으로 설명할 수 없는 신적인 존재를 도입할 때에만 주장할 수 있는 관점이다. 다윈의 진화론은 인간이 신성한 존재라기보다는 지구상에 존재하는 다양한 생물종의 하나에 불과하다는 깨달음을 가져다주었다. 이것은 인간의 보편적 본성으로서의 이성능력에 대한 전통적인 철학적 주장을 새로운 관점에서 재서술하도록 했고, 그런 이성능력을 통해서 영원불변의 진리를 발견할 수 있다는 철학적 신념에 대해 심각한 회의를 불러일으켰다.

인간을 신에 의한 특별한 창조물로 간주하는 것이 아니라, 여타의 동물과 마찬가지로 오랜 진화의 결과 살아남게 된 하나의 생물종으로 간주하는 것을 자연주의적인 관점이라고 한다. 이것은 인간에 대한 반본질주의적인 관점이라고 할 수 있다. 그런데 진화란 우연성의 결과물이라는 점에서 인간의 존재 역시 우연한 산물이다. 이러한 우연성에 대한 강조는 거의 모든 실용주의 철학자들에게 있어서 중요한 요소로서 등장한다. 우리는 신의 섭리에 따라서 혹은 보편적인 원리에 입각해서 우리의 삶을 영위하는 것이 아니라 앞으로 무슨 일이 벌어질지 모르는 불확실한 세계 속에서 살고 있다. 모든 생물종의 일차적인 목표가 생존에 있듯이 인간에게 있어서도 가장 큰 문제는 어떻게 하면 그런 불확실한 우주 속에서 살아남느냐 하는 것이다. 여기서 작동하는 것이 인간의 지식이다. 지식이란 인간이 불확실하고 우연적인 환경에 적응하기 위한 도구이다. 모든 탐구의 목표는 따라서 영원불변한 초역사적이며 초시간적인 진리를 발견하는 것이 아니라, 사람들로 하여금 환경에 적응하여 잘 살 수 있게 하는 것이다. 다윈의 자연주의를 받아들임으로써 실용주의 철학자들은 인간에 대한 반본질주의적 관점, 지식과 진리에 대한 도구주의적인 관점을 수용하고 있다고 할 수 있다.

실용주의 철학자들이 공통적으로 보여주는 두 번째 특징은 역사주의라고 할 수 있다. 방금 언급한 다원적인 자연주의를 받아들임으로써, 실용주의 철학자들은 역사주의자가 된다. 인간 자신이 역사적인 진화의 산물이기 때문에 인간이 가진 모든 지식은 역사적인 우연성의 결과물이라는 것을 부정할 수가 없다. 심지어 실재론자인 퍼스조차도 인간이 가진 모든 지식의 역사적 우연성을 적극적으로 받아들였다. 모든 지식의 현금가치(cash value)를 강조한 제임스와 듀이, 그리고 나중에 철학적 해석학의 입장을 적극적으로 수용한 리처드 로티 역시 예외가 아니다.

인간의 지식이 역사적인 우연성의 산물이라는 것은 바꾸어 말하면 플라톤 이래 모든 철학자들이 탐구의 목표로 삼았던 영원불변의 진리, 궁극적이며 필연적인 진리의 개념을 획득하는 것이 탐구의 일차적인 목표가 아니라는 것을 주장하는 것이다. 전통적으로 철학자들이 생각해 왔던 진리에 관한 관점은 크게 두 가지였다. 하나는 진리대응설로서 이것은 우리가 가진 의식의 표상적인 내용이나 언어의 명제적인 내용이 저 바깥에 존재하는 세계 내의 사실이나 사태에 대응한다는 관점이다. 예를 들어, '눈은 희다'라는 나의 의식적인 내용이나, 그것을 표현하는 명제적인 내용은 눈이 희다는 세계 내의 사실을 반영한다는 것이다. 그리고 그런 점에서 그런 의식적 내용이나 언어적 명제가 참이라는 것이다. 근대 인식론의 문제는 주관적인 의식이 어떻게 객관적인 세계를 올바로 인식하느냐 하는 것이었고, 거기서 철학자들의 공통적인 과제는 이런 진리대응설의 관점이 어떻게 정당화될 수 있는가 하는 것이었다. 대개의 경우 이런 진리대응설은 우리의 인식이나 의식과는 독립적으로 존재하는 저 바깥의 객관적인 진리의 세계가 있다는 것을 형이상학적으로 전제함으로써 정당화된다.

이런 형이상학적 부담을 지고자 하지 않는 철학자들의 경우에는 진리의 문제를 단지 명제적 내용들 간의 정합성의 문제로 바라보고자 하였다. 진리정합설은 진리의 기준을 사람들 사이의 합의의 문제로 볼 수 있다는 것이다. 수학이나 논리학을 만약 규약적인 시스템으로 간주한다면 수학적 지식이나 논리학적 지식은 정합적인 진리의 대표적인 예라고 할 수 있다. 어떤 주장을 공통의 합의에 비추어 수미일관된 내용을 담고 있으면 참이라고 간주할 경우, 여기에서는 불가피하게 상대주의의 문제가 발생한다. 즉, 만약 합의하는 당사자들이 모인 공동체마다 합의의 내용이 다르다면 진리의 문제는 곧바로 상대주의에 관한 논쟁을 야기한다는 것이다. 규약적인 지식의 체계가 여러 개가 존재하고 그것들 사이에 만약 공통의 기반이 없다면 어떤 체계를 택할 것인지가 문제가 될 것이다.

종교와 과학의 언명 체계는 방금 언급한 양립할 수 없는 지식의 체계에 대한 한 가지 예가 될 수 있다. 신이 이 세상과 인간을 창조했다는 주장과 우주와 인간의 탄생이 우연성의 결과라는 진화론적 주장은 정합적이지 않다. 이런 대립적인 주장의 진위를 가리기 위해 진리대응설을 동원할 수도 없다. 우리 가운데 그 누구도 우주 창조의 순간에 존재하지 않았을 뿐아니라, 우리의 주장에 대응하는 결정적인 사실을 증거로 제시하는 데 한계가 있기 때문이다.

제임스가 종교적 믿음의 '현금가치'에 대해 말하는 것은 실용주의자들의 진리에 대한 태도의 일면을 보여 준다. 실용주의자들에게 있어서 지식이 중요한 이유는 그것이 우리의 삶을 개선시키는 데 있어서 중요한 도구의 역할을 하기 때문이다. 과학적 지식은 우주의 진리를 담고 있기 때문에 언제나 옳은 것이고, 종교적 믿음은 시대에 뒤떨어진 미신에 불과하다고 보는 것은 실용주의적 태도가 아니다. 이것은 다른 모든 학문적 구분에 대해서도 할 수 있는 말이다. 예컨대, 경영이나 회계에 관한 지식은 우리에게 돈벌이가 되기 때문에 언제나 실용적인 것이고, 문학이나 역사, 철학 같은 학문은 돈이 되지 않기 때문에 실용적이지 않다고 말하는 것은 실용주의자들의 생각을 전혀 이해하지 못한 것이다. 종교는 우리의 정신적 삶을 풍요롭게 해 줄 수 있는 많은 가치를 가지고 있다. 그런 점에서 종교적 신념은 나름대로의 '현금가치'를 가지고 있는 것이다. 과학적 지식은 때로는 인간을 거꾸로 옭아매는 족쇄의 역할을 하기도 한다. 그럴 경우 과학적 지식은 '현금가치'를 상실한다. 문학이나 철학은 사람들의 삶을 의미 있게 하고 깊

이 있게 한다. 거꾸로 돈 버는 기술을 익힌 사람이 돈 때문에 삶이 피폐해 지는 경우도 많다.

실용주의자들에게 있어서 중요한 물음은 어떤 지식이 참이냐 하는 물음이 아니라, 어떤 지식이 어떤 상황에서 유용하냐 하는 것이다. 여기서 중요한 것은 우리가 삶에서 소중하게 여기는 가치는 매우 다양하며, 맥락의존적이라는 점이다. 흔히 실용주의하면 돈이나 세속적인 행복만을 추구한다고 오해하는 이유는 실용주의자들이 생각하고 있는 그와 같은 다양한 가치에 대한 무지에서 비롯된다.

한 마디로, 실용주의자들은 영원불변하며 초역사적인 진리는 존재하지 않는다고 생각한다. 인간의 지식은 역사적으로 주어진 상황에서 물질적으로나 정신적으로나 그것이 얼마나 인간의 삶을 풍요롭게 하느냐 하는 문제와 관련해서 그것이 '현금가치'를 가지고 있다고 여겨질 때 의미를 갖는다. 이것을 실용주의적인 진리관이라고 할 수 있으며, 이런 태도는 실용주의자들이 가진 역사주의적인 관점에서 비롯된 것이다.

실용주의자들이 가진 세 번째 특징은 이들이 천상의 진리보다는 이 세상의 삶을 중요하게 여기는 세속주의자이자 현실주의자라는 점이다. 이것은 철학적으로는 반형이상학, 반선험론의 태도와 관련이 있다. 그리고 가장 근본적으로는 실용주의자들은 반플라톤주의적인 태도를 공유한다고 말할 수 있을 것이다. 화이트헤드나 윌 듀란트 같은 철학자들이 언급한 바 있듯이, 서양철학은 플라톤에 대한 주석이라고 해도 과언이 아니다. 이것은 곧 서양의 지적인 사고가 플라톤이 설정했던 본질과 현상의 이원론적인 구분법에서 크게 벗어나지 못했다는 것을 의미한다. 기독교의 세계관 역시 죄의 세계인 이 세상과 영원한 구원의 세계인 천국을 나누어 놓고 있다는 점에서 플라톤의 구분법을 계승한다. 서양철학사의 주류는 눈에 보이지 않는 피안의 세계가 곧 본질의 영역이며, 진리의 세계인 반면, 우리가 살고 있는 이 경험의 세계는 단지 현상에 불과한 거짓의 영역이라는 관점을 견지해 왔다. 실용주의자들은 다원주의적인 자연주의자인 데다가 영원한 진리를 부정하는 역사주의자이기 때문에 플라톤이 말하는 형이상학적 본질의 세계에 대한 주장을 할 수 없다. 실험이나 실천을 할 수 없는 세계에 대해서 말하는 것은 기본적으로 실용주의의 격률을 통과할 수가 없다. 눈에 보이지 않는 세계에 대해서 우리가 무엇인가를 적용해 보고 거기서 얻는 결과의 총합이 우리가 그것에 대해 갖게 되는 개념의 전부이어야 할 텐데, 그 세계에 대해서 우리는 아무것도 적용해 볼 수가 없기 때문이다.

그런데, 실용주의자들이 반플라톤주의적인 세속주의자라고 할 때, 이것을 일상인들이 생각하는 세속적 가치를 추구하는 사람들이라고 오해해서는 안 된다. 실용주의자들이 오로지 돈이나 눈앞의 이익만 추구하는 속물이라고 오해하는 것은 그 철학적인 내용에 대한 속물적인 몰이해에 기인한다. 여기서 말하는 세속주의란 좀 더 철학적인 의미를 갖는다. 예를 들면, 오늘날 미국의 보수주의를 점령하고 있는 기독교 근본주의에 반대하는 태도가 여기서 말하는 세속주의에 해당한다. 죽어서 얻을 수 있는 삶을 위해서 현세를 부정하기보다는 덧없는 현실의 삶을 의미 있게 만들기 위해 노력한다고 하는 니체적인 관점을 실용주의자들의 세속주의라고 할 수 있을 것이다.

실용주의자들의 네 번째 특징은 이들이 모두 다원주의에 편들고 있다는 점이다. 절대적인 진리를 부정하면서 역사주의적이고 세속주의적인 입장을 택한다는 것은 현실적인 문제의 해결에 있어서 절대적으로 옳은 최상의 대안은 없다는 것을 인정하는 것이다. 실용주의자들은 하나의 문제에 대해 한 가지 해결책만 있다고 생각하지 않는다. 그리고 최선책을 찾기보다는 주어진 상황에서 적용할 수 있는 차선책을 중요하게 생각한다. 이런 입장은 자칫하면 실용주의자들이 마치 상대주의의 입장을 옹호하는 것으로 여기게 할 수도 있다. 그러나 실용주의자들의 이런 입장은 상대주의와는 분명히 구분되는 다원주의라고 해야 한다. 상대주의란 어느 것도 절대적인 대안은 될 수 없으므로 모든 대안이 나름대로 의미가 있다는 식의 주장이다. 실용주의는 이런 주장은 올바른 입장이 아니라고 본다. 문제 해결을 위한 대안들은 분명히 더 나은 것과 그렇지 못한 것이 있다. 초역사적인 절대적 기준을 우리가 제시할 수 없다고 해서 우리가 어떤 대안이 더 나은 대안인지조차 분간할 수 없게 되는 것은 아니다. 그런 극단적인 상대주의는 한편으로는 절대적인 진리를 주장하는 자들이 자신들의 입장을 거부하는 사람들에게 부당하게 뒤집어씌우는 혐의일 뿐이다. 실용주의자들은 다양한 대안의 존재를 인정하고 그 대안들 간의 우위를 판단할 수 있다고 주장한다는 점에서 상대주의자가 아니다. 다만 실용주의자들은 그런 판단의 기준을 역사적인 경험과 거기서 얻어지는 교훈으로부터 끌어오고자 할 뿐이다.

예컨대 우리가 더 나은 민주주의 사회의 건설을 목표로 할 경우, 탈냉전, 탈이데올로기 시대를 사는 우리는 과연 어떤 대안을 생각할 수가 있을까? 모든 원칙이나 이념을 벗어던지고 '실용주의적'인 노선을 택하는 것이 세계를 더 민주적인 상황으로 나아가게 한다고 말할 수 있을까? 다음과 같은 예문을 한 번 살펴보자.

> "탐욕스럽고 이기적인 도둑정치가(kleptocrats)들이 최근 몇십 년 간 매우 정교화되었다. 중국 및 나이지리아의 장군들과 전 세계의 그들의 상대자들은 20세기 전체주의의 실패로부터 이데올로기를 피하고 실용적으로(pragmatic) 되는 법을 배웠다. 그들은 옛 공산당의 노멘클라투라(당간부)보다 더 상냥하고, 세련된 방식으로 거짓말하고, 속이고, 도둑질한다. 그래서 냉전의 종말은 그것이 자본주의의 승리에 어떤 일을 했건 간에, 민주주의의 진보에 관한 낙관론의 근거를 제공하지 않는다."[2]

이 글은 냉전 이후 실용주의가 탐욕스러운 정치가들과 독재자들의 정치적 슬로건이 되었다고 지적하고 있다. 이 글을

쓴 사람은 실용주의에 대한 비판자가 아니라, 바로 실용주의를 부활시킨 리처드 로티이다. 대개의 경우 정치적 구호로서의 실용주의는 탐욕스런 정치가들이 자신들의 개고기 상점에 자본주의의 떡고물을 챙기기 위해 내걸고 있는 양머리에 불과하다. 여기서 말하는 실용은 신자유주의의 무자비한 경쟁을 미화하는 단어이며, 경쟁의 낙오자들에게 변명의 여지를 남기지 않는 무자비한 칼이다. 이런 의미의 실용주의는 스스로 최선책임을 자처하면서 다른 차선책을 용인하지 않는 실용주의라는 점에서 실용주의가 아니다.

절대적 기준이나 최선책을 제시하지 않는 실용주의는 민주주의를 위한 정치적 대안의 장이 다양한 이념들의 정책적 실험장이 되어야 한다고 주장할 것이다. 더 나은 사회를 만들기 위해서는 기존의 제도와 규범을 넘어서서 새로운 틀을 만들어낼 수 있는 상상력이 필요하다. 실용주의자가 꿈꾸는 다원주의 사회는 이런 상상력이 억압되지 않고 마음껏 나래를 펼 수 있는 사회이다.

실용주의의 태동 및 전개

실용주의의 태동 및 역사적 배경

실용주의는 19세기 말 미국의 몇몇 지식인들의 토론 모임에서 탄생한다. 산업사회로 급변하는 상황에 있었던 당시 미국의 지식인들에게 있어서 주된 문제 가운데 하나는 전통적으로 미국 사회의 정신적인 지주역할을 했던 종교적 세계관과 새롭게 등장하는 과학적 세계관을 어떻게 조화시킬 것인가 하는 것이었다. 1870년대 초 미국의 메사추세츠주 북동부에 위치한 대학도시인 케임브리지에서 철학자인 찰스 샌더스 퍼스Charles Sanders Peirce, 윌리엄 제임스William James, 변호사인 올리버 웬델 홈스Oliver Wendell Holmes, 니콜라스 존 그린Nicholas St.

John Green, 그리고 과학자이자 철학자인 존 피스크John Fisk, 프란시스 엘링우드 애버트Francis Ellingwood Abbott 등의 지식인들이 모여서 정기적인 토론 모임을 가졌다. 이들은 이 모임에 '형이상학 클럽'이라는 이름을 붙였는데, 이 형이상학 클럽이 실용주의의 모태였다고 할 수 있다. 실용주의(pragmatism)라는 용어는 제임스에 의하면 퍼스가 이 모임에서 최초로 제안한 용어이다.

근면함과 검소함, 이웃에 대한 사랑 등과 같은 프로테스탄트적인 가치를 보존하면서 동시에 산업사회에서 요구되는 개척정신과 실험정신 등을 담아냈다는 점에 있어서 실용주의는 당시 미국인들의 시대정신을 반영한 철학적 관점이라고 할 수 있을 것이다. 이러한 실용주의는 존 듀이John Dewey가 미국의 교육 및 민주주의의 문제를 다루면서 전성기를 맞게 된다. 그러나 듀이가 사망한 1952년을 전후해서 실용주의는 미국의 강단에서 더 이상 주목받지 못하는 철학사상이 되고 이후 미국의 강단철학은 분석철학에 의해 지배된다.

영국의 경험론 전통과 다윈의 진화론에 강하게 영향을 받아 태동한 실용주의는 미국의 고유한 철학이었음에도 불구하고 20세기 중후반 이후에는 미국의 대학에서 거의 잊혀진 철학이 된 셈인데, 어떻게 이런 상황이 벌어지게 되었는지 그 이유를 알기 위해서는 오늘날 영미 철학의 주류를 형성하고 있는 분석철학이 미국에서 자리를 잡게 된 배경을 간단히 살펴볼 필요가 있다.

20세기 영미철학은 헤겔에 대한 반동으로부터 시작되었다고 할 수 있다. 19세기말 영국의 강단 철학은 헤겔주의자였던 브래들리F. H. Bradley의 관념론에 의해 지배되고 있었다. 이러한 경향에 반대하여 무어G. E. Moore와 러셀B. Russell은 논리적 원자론 등을 내세우며 영국의 경험주의 전통을 되살리려 했다. 1912년 오스트리아 출신의 천재 공학도였던 비트겐슈타인 L. Wittgenstein이 영국에 유학을 와서 러셀과 조우하면서 영미 분석철학의 싹이 자라나게 된다. 비트겐슈타인의 독창적인 언어철학을 담고 있는 『논리철학논고』와 『철학탐구』는 20세기 영미분석철학의 방향을 정하는 획기적인 저서였다. 비트겐슈타인은 오스트리아로 돌아와 1930년대 초 카르납R. Carnap 등과 같은 비인학파의 학자들과 교류하였고, 그들은 프레게F. Frege 및 비트겐슈타인 전기철학의 영향을 받아 논리실증주의를 내세우게 된다. 나치의 등장으로 미국으로 건너온 카르납은 20세기 미국철학의 주류를 이루는 분석철학의 틀을 마련하게 된다.

언어분석철학, 혹은 간단히 분석철학이라고 일컬어지는 오늘날 영미철학의 사상적 기반은 프레게의 논리주의, 러셀의 논리적 원자론, 전기 비트겐슈타인의 언어철학, 논리실증주의의 과학적 철학 등에 있다고 할 수 있다. 이들의 철학이 공통적으로 가지고 있는 특징은 대략 반형이상학적인 경험론, 논리주의, 실증주의 등으로 요약할 수 있을 것이다. 이들은 세계에 대한 우리 지식의 경험적 기초를 찾으려고 노력했으며, 세계를 서술하는 우리의 언어를 논리적으로 분석함으로써 철학의 언어가 세계의 진리를 표상한다는 믿음을 확인시키고자 했다. 이들의 이런 작업은 철학과 논리학의 경계를 모호하게 만들었으며, 기호논리학에 숙달되지 않은 사람은 철학 논문을 읽는 것이 불가능할 정도로 전문화되고 분업화되어 갔다. 이러한 분위기 속에서 간혹 인식론 중심의 분석철학적 작업의 성과에 대해 회의하는 철학자들이 나오긴 했으나, 주류에 저항할 만한 힘을 얻지는 못했다.

20세기를 과학기술의 시대라고 할 수 있다면, 아마도 과학적인 철학을 표방한 분석철학은 그런 시대의 요구를 반영했기 때문에 실용주의를 대체하는 철학으로서 영미철학의 주류를 형성했는지도 모를 일이다. 그러나 디긴스는 실용주의가 쇠퇴하게 된 계기를 정치사적인 맥락에서 다음의 두 가지로 요약하고 있다.[3] 첫째는 2차대전 당시 실용주의는 파시즘의 본질을 이해하지 못함으로써 적절한 대응책을 제시하지 못했다는 것이다. 실용주의는 공리주의와 합리적인 계몽주의에 뿌리를 두고 있었기 때문에 인간사에서 발생하는 악의 문제에 대해 올바른 이해를 할 수 없었다는 것이다. 두 번째로는 시드니 훅 등이 베트남전의 불가피성을 피력함으로써 실용주의는 미국 대학을 휩쓸었던 1960년대 반전운동의 공적이 되었고 당시의 뉴레프트는 실용주의와 미국 자유주의의 파산을 선언하기에 이른다. 2차대전 당시에는 실용주의가 가진 유연성은 강고한 파시즘에 대처하지 못하게 하는 허약함으로 작용했고, 베트남전의 상황에서는 미국에 대한 애국심이 냉전 이데올로기를 강화하는 오만함으로 여겨졌기 때문에 실용주의에 대해서 미국인들이 등을 돌렸다는 것이다.

실용주의가 쇠퇴하고 나서 그 공백을 메운 분석철학이 미국 강단 철학의 주류를 이루게 되었고 이런 흐름은 지금까지 지속되고 있지만, 인식론 중심의 철학적 물음이 한계에 봉착한 듯한 상황인 데다가, 철학이 지나치게 전문화, 분업화됨으로써 인간의 삶에 대한 전체적인 성찰을 담아 내지 못하게 되었다는 인식이 싹트게 된 것도 사실이다. 이런 상황에서 리처드 로티Richard Rorty라는 걸출한 사상가가 등장하면서 미국의 실용주의는 새로운 전기를 맞게 된다.

로티는 분석철학 전통이 강한 프린스턴 대학에서 교수로 재직하면서 주목할 만한 분석철학 논문들을 발표했다. 그러나 그는 분석철학적 작업이 자신이 원하던 철학적 작업이 아니라는 판단 아래 분석철학적 글쓰기를 중단할 것을 선언하면서 프린스턴 대학을 떠난다. 버지니아 대학으로 자리를 옮긴 로티는 제임스와 듀이의 실용주의에 바탕을 두고, 하이데거와 가다머, 그리고 비트겐슈타인과 데리다 등의 철학을 적극적으로 수용하면서 독창적인 철학적 관점을 제시했다. 그의 철학을 신실용주의(Neo-Pragmatism)라고 하는데, 로티의 신실용주의를 통해서 미국의 실용주의는 다시 부활했다고 할 수 있을 것이다.

고전적 실용주의

미국의 실용주의는 전통적인 농업사회에서 공업적인 산업 사회로, 노예제 사회에서 새로운 시민사회로, 종교적인 가치에 바탕을 둔 사회에서 과학적인 세계관이 중심이 되는 사회로 변모하기 시작한 시기에 등장했다. 그런 시대적 변화의 시기에는 당연히 여러 가지 사회적 갈등이 나타나기 마련이고, 실용주의는 그런 갈등을 치유하는 방법을 모색했던 지식인들에 의해 제시된 새로운 사회의 통합을 위한 지적이며 실천적인 패러다임이었다.

『프래그머티즘의 길잡이』의 편자인 루이스 메난드는 실용주의를 "프래그머티스트들이 사고思考에 관한 나쁜 추상으로 이루어진 쓸모없는 구조라고 간주하는 굴레로부터 인간 존재들을 풀어주려는 노력"[4]이라고 보고 있다. 이런 요약은 실용주의 철학을 최초에 생각해 낸 지식인들이 무엇에 주된 관심을 가지고 있었는지 이해하는 데 도움을 준다. 오늘날의 관점에서 보면 전문적인 철학 교수라고 할 수 없는 일단의 지식인들이 모여서 실용주의 철학의 아이디어를 창안해 낸 것이다.[5] 실용주의 철학은 처음부터 제도권 내부의 강단 철학에서 탄생한 것이 아니라 구체적인 삶의 문제를 해결하려는 노력 속에서 탄생했다고 할 수 있다.

그렇기 때문에 처음에 실용주의가 제안되고, 그것에 대해 지식인들이 말하기 시작했을 때 그 경계 영역을 분명히 한정하는 것은 쉽지 않다. 실용주의는 철학자들 뿐 아니라 다양한 분야의 지식인들이 모여서 토론하는 가운데 탄생한 것이기 때문이다. 고전적 실용주의 철학자로서 유명한, 퍼스, 제임스, 듀이 이외에도, 변호사이자 형이상학 클럽의 멤버였던 올리버 웬델 홈스, 사회사업가이자 여성운동가였던 제인 아담스(Jane Addams, 1860~1935), 듀이의 친구이면서 철학자이자 심리학자였던 조지 허버트 미드(George Herbert Mead, 1863~1931) 등도 고전적인 실용주의에 포함시키는 것이 당연할 것이다. 그러나 이들의 입장을 여기서 모두 언급할 수는 없기 때문에 가장 널리 알려진 실용주의 철학자들의 기본적인 입장만을 간단히 소개하고자 한다.

퍼스

먼저 실용주의라는 말을 처음으로 만들어 낸 장본인이라고 할 수 있는 퍼스는 기호실재론이라는 독특한 형이상학을 가진 철학자였다. 하버드 대학의 수학 교수였던 아버지의 영향으로 어려서부터 다양한 분야의 학문에 접할 기회를 가졌던 퍼스는 1839년에 미국의 케임브리지에서 출생해서 1859년 하버드 대학을 졸업한다. 사교적이지 못한 성격 때문에 대학에 자리를 잡지 못한 퍼스는 말년을 외롭고 고독하게 보내다가 1914년 암으로 사망했다. 퍼스는 8만여 페이지에 달하는 방대한 양의 유고를 남겼는데 1931년 이후 그의 유고를 전집으로 간행하는 일이 시작되어 지금도 계속되고 있다. 퍼스 사상의 전모가

밝혀지는 일은 아마도 그의 유고가 모두 출간되고 난 다음에나 가능할 것이다. 현재로서는 그의 단편적인 논문을 통해서 그의 사상에 대한 전체적인 그림을 추정할 수 있을 뿐이다.

그의 기호실재론의 핵심 요지는 우리의 사고가 기호라는 것이다. 사고는 그에 의하면 주관적인 의식의 과정이 아니라 객관적인 기호적 사건이다. 사고는 따라서 우리에게 속해 있는 것이 아니라 기호 안에 있는 것이다. 언어와 상징으로 표현되는 기호들은 세계의 객관적인 실재를 드러내지만 그것은 또한 역사적인 우연성에 의해 지배된다. 사고의 규칙은 우리가 주관적으로 만들어낼 수 있는 것이 아니다. 우리의 사고는 우주 속에서 진화해 나가는 규칙들에 의해 지배된다.

퍼스는 탐구를 '의심에서 믿음으로 나아가는 과정'이라고 보았다. 퍼스는 비록 실재론적인 형이상학을 포기하지 않았지만, 탐구의 과정을 우리의 행동이나 습관과 밀접하게 연관되어 있는 것으로 봄으로써 실용주의적인 면모를 보여준다. 그는 탐구의 최종 목표가 우주의 궁극적인 실재를 드러내는 진리에 도달하는 것이라고 보긴 했으나, 그가 생각하는 우주의 실재는 우리의 탐구나 실천적 행위와 무관하게 독립적으로 존재하는 형이상학적 실재는 아니다. 우주의 진리는 우리의 탐구 및 실천과 무관하지 않으며, 또한 그 자체가 끊임없이 진화하는 과정에 있다. 그가 사고를 기호라고 간주한 것은 우리의 탐구와 실천 자체도 우주를 구성하는 중요한 요소라고 보기 때문이다. 우리는 과학적 탐구를 통해서 구체적인 상황에서 발생하는 의심의 상태를 믿음의 상태로 바꾸어 나간다. 탐구는 그 상황에서 대상에 대한 참된 관념을 우리에게 제공해 줄 때에만 종료된다. 그러나 우리가 믿음의 상태에 도달한다고 해서 모든 의심이 해소될 수는 없을 것이다. 그렇기 때문에 탐구는 계속 이어질 것이고, 진리는 그런 탐구가 최종적으로 도달하는 지점이 될 것이다. 이러한 실재론적 관점에도 불구하고 퍼스를 실용주의적인 철학자로 보이게 하는 점은 그가 과학적 탐구의 결과가 언제나 오류의 가능성을 포함하고 있다는 태도를 취하고 있다는 것이다. 이것을 '오류가능주의'라고 하는데, 진화론의 영향을 받은 퍼스가 생각하는 우주는 우연성에 의해서 지배되고, 끊임없이 진화하는 세계이다. 이 세계 속에서 과학적 탐구는 그때그때 참된 신념을 갖게 할 수 있지만, 우주 자체가 진화해 나가기 때문에 그 신념은 시간이 지나게 되면 잘못된 것일 수도 있다는 것이다. 우주 자체가 고정되어 있는 법칙의 세계가 아니라 끊임없이 진화하는 역동적인 세계라는 것이 퍼스의 진화적 실재론의 내용이며, 이것은 과학적 탐구가 언제나 오류의 가능성을 포함한다는 '오류가능주의'나 우주가 우연성을 통해 진화해 나간다는 '우연주의'의 입장과 일맥상통하는 것이다.

제임스

실용주의라는 단어를 하나의 철학적인 입장으로 널리 알린 윌리엄 제임스는 퍼스에 비하면 훨씬 반형이상학적이고, 반실재론적이다. 1842년 뉴욕에서 출생한 제임스는 1869년 의대를 졸업하고 1872년부터 하버드 대학에서 강의를 시작하여 1907년 퇴임할 때까지 하버드 대학의 교수로 재직하였으며 1910년 심장병으로 사망했다. 생물학, 생리학, 화학, 의학, 심리학 등을 연구한 제임스는 『심리학의 원리』(1890) 『종교적 경험의 다양성』(1902, 기퍼드 강의를 묶은 책) 『프래그머티즘』(1907)6) 등의 유명한 저서를 출간했다.

제임스의 실용주의를 특징짓는 가장 분명한 단어는 아마도 '현금가치(cash value)'라는 단어일 것이다. 전통적인 철학자들은 세속적인 이해관계를 벗어나 언제나 천상의 진리를 추구해 왔기 때문에 철학적인 개념을 설명할 때에도 '현금'이니 뭐니 하는 '저속한' 단어를 쓰지는 않는다. 이런 어휘를 철학적 입장을 설명하는 데 사용할 수 있다고 생각한 것 자체가 어찌 보면 대단히 미국적인 발상이라고 할 수 있겠는데, 경우에 따라서 이 용어는 그 본래의 취지와는 전혀 다르게 오해되곤 한다. 가장 천박한 이해는 현금가치를 말하는 실용주의를 배금주의적인 사상으로 보는 것이다. 그러나 상식을 갖춘 사람이라면 이 세상에 어떤 철학자도 '돈이 최고다'라는 주장을 하지는 않을 것이라고 생각할 수 있을 것이다. 실용주의자들이 말하는 '현금가치'는 무엇이든 돈이 되어야 좋은 것이라는 의미가 아니다. 그것은 우리의 지식과 신념이 그 자체로서 가치를 갖는 것이 아니라, 우리의 삶을 향상시키는 역할을 할 때에만 비로소 가치를 갖게 된다는 것을 말하는 것이다.

제임스가 말하는 현금가치는 지식의 유용성에 대한 은유적인 표현이라고 할 수 있다. 지식을 위한 지식, 진리를 위한 진리는 현금가치를 갖지 못한다. 지식이 가진 현금가치란 우리가 삶에서 직면하게 되는 다양한 문제를 해결해 줄 수 있는 유용성을 뜻하는 것이다. 그런데 우리는 다양한 가치의 문제에 직면하기 때문에 지식의 유용성을 오로지 경제적인 가치에만 한정하는 것은 제임스가 말하고자 한 현금가치를 곡해하는 것이다. 예컨대, 인간은 빵만으로는 살 수 없으며, 과학적인 지식이 인간의 모든 문제를 해결해 주는 것도 아니다. 인간이 달에 가고 화성에 탐사선을 보내는 과학기술의 시대를 살면서도 인간은 종교적인 믿음을 버리지 않는다. 이것은 인간이 비합리적이라서가 아니라, 종교적 신앙이 가지고 있는 현금가치 때문이다. 어떤 사람들은 종교적인 신앙을 통해서 삶의 의미를 찾고, 절망을 극복하는 힘을 얻는다. 제임스의 관점에서 보자면 종교적 신앙의 대상이 실제로 존재하는지 그렇지 않은지는 여기서 전혀 문제가 되지 않는다. 어떤 개념이 과학적이라서 옳고 종교적이라서 틀렸다는 식으로 말할 수 있는 것이 아니라, 문제는 그 개념이 우리에게 어떤 현금가치를 갖느냐 하는 것이다.

제임스가 현금가치라는 어휘를 가지고 말하고자 한 것은 경제적 가치나 유용성이 아니라 가치의 다양성이었다고 보아야 할 것이다. 다원주의는 제임스의 실용주의를 특징짓는 또하나의 어휘이다. 기독교인이 될 것인가 아니면 무신론자가 될 것인가 하는 문제를 중요한 문제로 다룬 제임스의 태도는 그의 다원주의적인 입장을 잘 보여준다.[7] 제임스는 종교적 신앙을 갖는 문제를 경험적 근거가 불충분하다고 하여 간단히 제쳐둘 문제는 아니라고 보았다. 그 이유는 앞서 말한 대로 종교적 신앙이 갖는 현금가치를 부정할 수 없다는 데 있지만, 또 다른 한편으로는 종교를 갖느냐 마느냐 하는 것과 같이 삶의 태도를 결정하는 중요한 문제에 있어서 우리가 선택의 준거로 삼아야 할 것이 논리적이거나 지적인 사고만은 아니라는 인식 때문이기도 하다.

다원주의적인 사고방식은 사실상 실용주의 철학자들이 진화론자인 다윈의 영향을 받았다는 데서 필연적으로 결과할 수밖에 없는 태도이기도 하다. 다원주의적으로 인간과 세계를 바라보게 되면, 그 어느 것 하나 정해져 있는 것은 없다. 인간도 여전히 진화의 도상에 있는 불완전한 존재일 뿐 아니라 세계 역시 확실하고 고정된 법칙에 따라서 영원히 존재하는 세계가 아니다. 인간의 삶이란 따라서 그 자체가 끝을 알 수 없는 끊임없는 탐구와 모험이다. 이런 상황에서 어떤 삶의 태도를 견지한다는 것은 그런 탐구와 모험의 과정에서 감내해야 할 위험성을 고스란히 자신의 몫으로 떠맡는 것이다. 종교적 신앙을 갖느냐 무신론자로 사느냐 하는 문제도 그런 문제의 하나이다. 그 누구도 유한한 인간으로서 어떤 태도가 절대적으로 옳다고 판정할 수 없다. 제임스가 종교적 신앙의 현금가치를 말한 것은 과학적 지식이라는 한 가지 기준을 가지고 다

른 사람의 삶의 태도를 재단해서는 안 된다고 하는 다원주의
적 관점을 가졌기 때문이다.

　제임스의 세계관을 흔히 '근본적 경험론'이라고 부른다. 이
것은 주관과 객관의 이원론, 자연과 경험의 이원론에 바탕을
둔 전통적인 철학적 견해들을 부정하는 데에서 비롯된 제임스
의 독특한 세계관이다. 그는 인간도 자연의 일부이므로 인간
의 경험을 자연과 분리해서 보아서는 안 된다고 생각했다. 인
간의 경험과 자연이 뒤섞인 세계가 순수경험의 세계이며, 주
관과 객관이 분리되기 이전의 이 세계로부터 우리는 개념을
얻게 되고 세계를 이해하게 된다는 것이다. 인간의 다양한 경
험이 참여하고 있는 이러한 우주는 하나의 고정된 모습을 갖
는 것이 아니라 여러 가지 모습으로 나타난다. 이것을 다원적
우주라고 부르는데 제임스는 우리가 통일된 우주의 모습을 볼
수는 없으며, 단지 세계를 바라보는 각자의 관점을 가질 수 있
을 뿐이라고 주장한다. 이것은 니체가 말하는 관점주의적인
입장과 비슷하다고 할 수 있을 것이다.

　듀이

　퍼스에서 비롯된 실용주의를 명실상부하게 미국의 철학으
로 자리 잡게 한 것은 듀이였다고 해도 과장된 말은 아닐 것
이다. 1859년 버몬트 주의 벌링턴이라는 도시에서 태어난 듀
이는 1882년 존스홉킨스 대학에 입학하고, 1889년에 미시건
대학 교수가 되었다가 1894년 시카고 대학의 철학, 심리학,

교육학 과정을 합친 학부장으로 옮겨 '실험학교'를 설립한다. 1904년에는 컬럼비아 대학의 교수가 되었는데, 그는 중국, 일본, 소련 등을 방문한 후 사민주의적 정책을 제안하고, 트로츠키 조사위원회의 의장을 맡기도 하는 등 적극적으로 사회 참여에 나섰다. 1952년 사망한 듀이는 언제나 철학이 현실의 문제를 떠나 형식적인 사유에 머물러서는 안 된다고 생각했으며, 인류의 거시적인 문명사적 발달과정을 통찰하는 가운데, 현시대가 요구하는 해답을 제시하는 것이 우리 시대의 철학적 과제라고 믿었다.

퍼스가 기호학 및 논리학과 과학적 탐구의 방법 등에 대해 관심을 가졌다면, 듀이는 그런 방법을 과학적 탐구의 논리로 발전시켰으며, 제임스가 개인의 심리에 관심을 가졌다면 듀이는 사회 심리에 관심이 있었고, 특히 제임스나 퍼스가 본격적으로 다루지 않았던 사회적, 도덕적, 정치적인 영역에까지 실용주의 철학을 확장시켰다. 제임스가 지식의 현금가치를 중시했듯이, 듀이 역시 지식을 환경에 적용하기 위한 도구라고 보았다. 인간의 생각, 지식, 이론 등은 천상의 진리를 직관하기 위한 것이 아니라 인간의 생존을 위한 환경 적응의 도구이다. 이런 입장을 듀이는 도구주의라고 불렀다.

듀이의 도구주의적인 관점에서 보면, 진리란 단순히 참된 언명이나 지식을 일컫는 것이 아니라 '보증된 주장가능성'을 뜻한다. 이것은 탐구의 과정을 거쳐서 얻은 지식이 실제로 문제를 해결해 주고 우리가 처한 상황을 더 나은 쪽으로 개선시켰다고 사람들이 생각하게 될 때 그런 지식을 사람들은 믿을 만한 지식이라고 주장할 수 있다는 것이다. 이것은 진리의 문제를 제임스처럼 개인적인 관점에서뿐만 아니라 사회적 유용성의 차원에서 다루고 있다는 것을 뜻하며, 동시에 상황이 달라지면 문제 해결을 위한 대안도 달라질 수밖에 없다는 다원주의적이고 관점주의적인 태도를 포함하는 것이다.

문제 해결의 과정이 환경에 더 잘 적응하게 함으로써 우리를 더 나은 삶의 단계로 나아가게 하는 진보의 과정이라고 보는 이런 도구주의 관점에서는 과학적인 방법, 민주주의적인 문제 해결의 방식은 동일한 지성적인 방식이다. 둘 다 인간 사회를 좀 더 나은 방향으로 진보시키기 위한 지적인 탐구의 과정으로 볼 수 있기 때문이다. 듀이는 그것이 과학적이건 정치적이건 간에 탐구에 일정한 패턴이 있다고 생각했는데, 그가 생각한 탐구의 단계는 다음과 같다.

1. 탐구의 선행조건; 주어진 환경에 어떻게 반응해야 할지 결정해야 하는 불확정의 상황을 일컫는다.
2. 문제의 대두; 문제를 설정하는 단계이다.
3. 문제와 그 해결에 대한 확정; 아이디어의 형태로 해결책을 제안한다.
4. 추론; 아이디어의 의미를 서로 관련시켜 봄으로써 구체적인 해결책을 생각한다.
5. 사실의 의미가 가지고 있는 조작적 성격; 사실은 증거

로서 이용하고 가설은 테스트해 본다.[8]

　듀이의 실용주의가 갖는 특징은 이런 탐구의 방법론이 과
학적인 문제뿐만 아니라 정치적인 문제 해결에도 적용될 수
있다고 생각했으며, 이런 방법을 통해 다양한 민주주의적 실
험이 가능하고, 미국 사회를 더 나은 사회로 만들어 나갈 수
있다고 보았다는 점이다. 듀이는 민주주의 제도에서 중요한
것은 결과가 아니라 과정이라고 생각했다. 듀이에 의하면 민
주주의는 공통의 문제를 해결하려는 개인들이 모여서 지성적
인 방식으로 해결책을 찾고 조정해 가는 과정을 제도화한 것
이기 때문에 민주주의야 말로 가장 안정된 정부형태이다. 민
주주의에 대한 듀이의 이런 옹호는 요즘의 관점에서 보자면
그리 새로울 것도 없지만, 미국의 기독교 근본주의 전통에 있
는 보수주의자들의 귀족주의 정치나 엘리트주의에 맞서서 세
속주의적인 방식으로 미국적 정체성을 확립하려고 시도했다
는 점에서 의미가 있다.

　앞서도 언급했지만, 1952년 듀이가 사망하면서 미국의 철
학계에서 실용주의는 급속하게 퇴조한다. 나치를 피해 망명한
카르납 등의 영향으로 미국의 철학계는 분석철학의 영향하에
놓이게 된다. 논리실증주의의 연장선상에 있는 분석철학은 심
리철학적 문제나 인식론적인 문제, 그리고 논리학 등에 집중
하면서 정치철학이나 사회철학은 미국에서 비주류로 밀려나
고, 삶의 문제를 전체적으로 조망하는 사상가는 찾아보기 힘

들게 되었으며, 엄밀한 논증 위주의 단편적인 논문이 철학적 글쓰기의 주류가 되었다.

신실용주의

『프래그머티즘의 길잡이』의 편자인 매난드는 분석철학의 기본 전제에 대한 의문을 제기한 콰인W. V. O. Quine의 「경험론의 두 도그마」(1951), '소여의 신화'라는 이름으로 실증주의 철학의 형이상학적 전제를 공격한 셀라즈W. Sellars의 『과학, 지각, 실재』(1963), 그리고 개념-도식의 관계를 철학적으로 부정하고 있는 데이빗슨D. Davidson의 「개념체계라는 바로 그 관념에 대하여」(1974), 형이상학적 실재론을 거부한 퍼트남H. Putnam의 『실재론과 이성』(1977), 문학해석이론의 가능성을 부정한 냅Steven Knapp과 마이클스W. B. Michaels의 「반이론」(1982) 등을 실용주의 철학의 맥을 잇는 주요한 저작들로 보고 있다. 리처드 로티는 이들의 저작을 발판으로 신실용주의(Neo-Pragmatism)를 제창하고 나선다. 매난드가 포함시키지는 않았지만, 필자의 생각으로는 여기에 로티의 실질적 후계자인 추론주의 언어철학자 로버트 브랜덤R. Brandom이 신실용주의자로서 추가되어야 한다. 여기서는 신실용주의 철학을 대변하는 리처드 로티의 입장을 주로 정치철학적 관심에 국한해서 간단히 소개해 보고자 한다.9)

1931년 뉴욕에서 출생한 로티는 예일 대학에서 박사학위를 받고, 프린스턴 대학과 버지니아 대학, 그리고 스탠퍼드 대학에서 교수로 재직했다. 주저로는『철학과 자연의 거울』(1979)『우연성, 아이러니, 연대성』(1989)『미국만들기』(1998) 등이 있으며, 한국에는 1996년과 2001년 두 차례 방문해서 강연한 바가 있다. 그는 2007년 췌장암으로 스탠퍼드 대학 근교의 자택에서 사망했다.

로티의 신실용주의 철학의 입장은 한 마디로 반표상주의라고 할 수 있다. 반표상주의란 플라톤식의 현상과 본질의 구분을 인정하지 않겠다는 입장을 말한다. 이것은 철학적으로는 실재론과 반실재론의 논쟁, 주관과 객관의 인식론적 구분, 사실과 가치의 이분법적 구분 등을 모두 부정하는 입장으로 볼 수 있다. 이런 입장은 다원주의적인 관점에서 인간을 환경에 적응해 가는 동물로 간주하면서 지식의 현금가치와 도구적 유용성을 인정하는 고전적인 실용주의 철학자들의 입장을 현대적인 맥락에서 재서술한 것이다.

로티의 반표상주의는 자기만의 어휘로 자기만의 새로운 철학을 서술해 보고자 하는 시도이며, 그 속에서 실재론과 반실재론, 객관주의와 주관주의, 보편주의와 상대주의, 기초주의와 반기초주의 등의 전통적인 철학적 논의 구도에서 이루어지는 모든 문제는 어떤 해결책을 찾아서 결론에 도달할 수 있는 문제라기보다는 단지 비트겐슈타인 식으로 언어를 오용하는 습관을 치료함으로써 해소되어야 할 문제들로 여겨진다.

로티의 '반표상주의'의 요점은 공적인 실천의 문제와 사적인 관심을 중재하는 일을 포기해야 한다는 것이다. 철학적인 이론을 만들어내는 일은 사적인 관심에 해당한다. 이것은 곧 이론적인 진리에 입각한 사회적 실천이라는 오래된 모토를 포기해야 한다는 것이다. 철학자들의 이론은 자신의 관점에서 자아와 세계를 하나의 서사로 직조하는 것이다. 거기서 주장되는 진리는 다른 사람들에게 강요될 수 없다. 내가 생각하는 진리에 따라서 모든 사람이 실천에 나서야 한다는 생각은 전체주의를 낳을 것이다. 이론은 사적인 관심 영역에 머물러야 하며, 시인이나 소설가의 자기 창조의 작업과 같은 것으로 여겨져야 한다. 반면 실천의 영역에서 궁극적인 합의에 도달하려 하거나, 최선의 대책을 찾아서 행동의 지침을 마련하려고 한다면, 그 누구도 실제로 사회적인 문제에 참여하게 되지 못할 것이다. 무엇이 최선책이냐에 대한 궁극적인 합의의 시점은 무한정 연장될 것이기 때문이다. 따라서 실천의 영역은 궁극적 진리나 보편적인 진리의 영역이 아니라 현실적인 차선책을 찾는 타협과 연대의 장이 되어야 한다. 이론에 입각한 실천은 듣기에는 좋은 구호나, 이론과 실천을 통합할 수 있는 궁극적인 체계에 도달할 수 없다는 점에서 불가능할 뿐 아니라 경우에 따라서는 위험한 생각이기도 한 것이다.

공적인 실천과 사적인 이론이 하나의 체계로 통합될 수 없다는 것은 현실적으로 어떤 심각한 문제를 야기하게 되는 것은 아닌가? 로티는 그렇게 생각하지 않는다. 보편적이고 객관적인 진리를 알아야만 비로소 행동에 나설 수 있다고 생각하는 근본주의자들에게만 그러한 통합 여부가 문제될 것이다. 로티는 그것이 통합되지 않더라도 아무런 문제가 없으며, 양자는 병행될 수 있다고 주장한다.

둘 가운데 우선순위를 굳이 정해야 한다면, 공적인 실천이 사적인 이론보다 더 중요하다고 보아야 한다. 왜냐하면 개인의 사적인 공간을 마련해 줄 수 있는 자유주의 공동체가 선행되어야만 비로소 개인들은 자신의 사적인 관심에 몰두할 수 있기 때문이다. '민주주의가 철학에 앞선다'는 로티의 테제는 이러한 생각에서 비롯된다.10) 영원불변의 보편적 진리에 대한 탐구를 통해 더 나은 공동체를 만들겠다는 철학자들의 생각은 이런 관점에서 보면 본말이 전도된 것이다. 개인이 사적인 관심에 몰두할 수 있는 자유로운 사회적 환경이 마련되면, 거기서 다양한 진리이론이 꽃피어날 수 있을 것이다.

로티의 정치철학적 입장을 이해하는 데 있어서 첫 번째 난점은 이론과 실천이 어떻게든 통합되어야 한다는 본질주의적인 철학적 사유로부터 벗어나기가 쉽지 않다는 데 있다. 로티의 입장은 그래서 좌·우파로부터 공통적인 비난의 표적이 된다. 기독교 근본주의에 바탕을 두고 있는 미국의 우파는 로티를 비합리주의적인 속물이라고 비난하고, 마르크스주의 전통의 좌파는 로티를 냉전적이며 여피적인 자유주의 이데올로그라고 비난한다. 로티는 듀이와 휘트먼의 세속주의 전통을 계승하면서 미국의 우파를 공격하는 한편, 개혁적 좌파와 문화적 좌파의 연대를 주장하면서 오늘날의 포스트모더니즘적인 좌파의 비관주의를 비판하고 있다.

로티는 민주주의를 위한 실천이 신자유주의적인 세계화에 맞서는 내용을 갖추어야 한다고 생각하며, 그러한 실천이 문화적 좌파가 생각하듯이 비관적인 것만은 아니라고 보고 있다. 그는 그런 노력이 더 많은 사람의 자유를 가능하게 하는 사회민주주의적인 미국을 만들어낼 수 있다는 희망을 가지고 있다. 이와 같은 태도를 근거 없는 낙관주의로 몰아세우는 포스트모더니스트들의 지적은 옳은 것이다. 로티는 어떤 점에서 근거 없는 낙관주의자이다. 우리가 어떤 보편적인 합리성에 따라서 행동함으로써 그와 같은 사회에 도달할 수 있을 것이라는 철학적 정당화의 노력을 불필요한 것이라고 보고 있기 때문이다.

이 지점에서 로티는 하버마스와 이론적으로 입장이 갈린다. 로티는 하버마스가 추구하는 보편적 타당성의 개념이 없이도 충분히 풍부한 합리성의 개념을 가질 수 있다고 믿는다. 여기서 합리성은 '진리' 개념과 관련되는 것이 아니라, 설득을 통해서 목표를 달성하려는 태도를 일컫는다. 하버마스가 말하는 왜곡되지 않은 커뮤니케이션적인 합리성에 대한 언급이 그런 태도를 말하는 것에 그친다면 로티의 민주주의적인 연대와 타협에 대한 제안은 하버마스와 크게 다를 것이 없다. 다만, 그런 합리성이 보편적인 진리와 연결되고 있으며 그와 같은 사실을 이론적으로 밝힐 수 있고, 그것을 서구 민주주의의 우월성에 대한 근거로 삼으려고 하는 순간 로티는 하버마스의 그와 같은 이론적 시도에 대해서 불필요하다고 판정하는 것이다.

로티의 좌파적 입장은 경제적 민주주의를 최우선적으로 고려한다는 점에서 문화적 좌파보다는 마르크스주의에 가깝다고 할 수 있으며, 그와 같은 실천적 대안에 대한 이론적 정당화를 해야 한다는 점을 제외하는 한, 하버마스의 사회민주주의에 대한 제안과 크게 다를 바가 없다고 할 수 있다.

실용주의적 관점들, 무엇이 실용주의적인 것인가?

오늘날 실용주의라는 단어는 신자유주의를 그럴듯하게 포장하는 단어로 사용되거나 경제에 도움이 된다면 무엇이든 좋다고 하는 천박한 자본주의적 행태를 호도하는 단어로 사용되는 경우가 많다. 그러나 우리가 고전적 실용주의자들과 신실용주의자인 로티의 입장을 통해서 개관해 보았듯이, 실용주의 철학자들이 말하는 것은 경제적 가치가 최우선적인 것이어야 한다는 것보다는 가치의 다양성이 보장되어야 한다는 것이며, 실용주의와 다원주의적 민주주의는 서로 다른 것이 아니라는 것이다.

실용주의는 한마디로 지성적인 방식으로 우리의 삶을 개선하고자 하는 철학이며, 절대적인 진리를 부정함으로써 가치의 다양성을 옹호하는 이론이다. 실용주의자들은 각자가 자신이 옳다고 믿는 바에 따라서 살 수 있는 자유를 갖기를 원하며, 그 누구도 부당하게 억압당하거나 착취당하는 삶을 살아서는 안 된다고 생각한다. 실용주의자들이 원하는 정치적 유토피아는 민주주의적인 세계시민사회라고 할 수 있다.

그런데 실용주의자들이 다원주의적 민주주의를 옹호한다고 해서 모든 가치가 옹호되어야 한다고 하는 문화상대주의적인 입장에 동조하는 것은 아니다. 실용주의 철학자들은 절대적인 진리나 기준의 존재를 인정하지 않지만, 더 낫고 못한 것을 나눌 수 있는 기준 자체를 포기하지는 않는다. 실용주의 철학자들은 실험이나 실천의 과정을 통해서 우리는 역사적으로 무엇이 옳고 그른지 말할 수 있으며, 어떤 상황에서 어떤 가치가 우선시되어야 하는지 주장할 수 있다고 생각한다. 여기서는 오늘날 문제가 되는 몇 가지 문화적, 정치적 상황에서 실용주의자들은 과연 어떤 입장을 가질 수 있는지 간단히 살펴보기로 한다.

인권문제

한 국가의 삶의 질을 논할 때 중요한 지표의 역할을 할 수 있는 것 중 하나가 바로 그 나라의 국민들이 얼마나 인권을 보장받고 있는가 하는 점이다. 인간의 인간에 대한 억압과 착취, 차별과 폭력이 종식된 세계에서 살고자 했던 것은 근대 계몽주의자들의 공통된 희망이었고, 마르크스는 이런 희망의 프로젝트를 '인간해방'이라고 불렀다.

인권 유린의 사례는 전쟁과 같은 극한적인 상황에서 쉽게 발생하지만, 일상적인 맥락에서도 잘못된 관습이나 제도에 의해 인권은 끊임없이 침해당한다. 나치의 홀로코스트나 세르비아 민병대가 저지른 인종말살책과 같은 것은 전자의 대표적인 사례이고, 이슬람 문화의 명예살인이나, 자본주의 사회에서 CEO가 가져가는 월급의 200분의 1에도 못 미치는 월급으로 연명하는 비정규직 노동자들의 일상적인 삶은 후자의 예에 해당할 것이다.

인권이 인간의 천부적인 권리라고 주장하는 사람들은 인권이 인간의 보편적 본성에 그 근거를 가지고 있는 것이라고 생각한다. 이런 관점에서 보면, 인권문제는 국경이나 인종, 민족을 초월해서 인간이라면 누구나가 누려야할 기본적인 권리에 대해서 말하는 것이다. 그러나 현실적으로는 인권문제에 대한 문제제기가 그렇게 보편성을 가지고 있는 것으로 받아들여지지 않는 경우가 많다. 예컨대 미국이 중국과 북한의 인권문제를 제기하는 것은 내정간섭으로 여겨진다. 중국이나 북한과 같은 사회의 정치지도자들은 인권 개념 자체가 서구적인 것이며, 그런 개념으로 자신들의 나라에서 벌어지는 상황에 대해 간섭하는 것은 부당하다고 생각한다. 이것은 이슬람권의 여성들이 히잡을 쓰고 다니는 것에 대해 서구인들이 간섭하는 것을 부당하게 생각하는 것과 비슷한 것으로 볼 수도 있다.

여기에서 두 가지 문제가 발생한다. 하나는 인권과 같은 개념을 근거지울 보편적인 인간의 본성이 존재하는가 하는 것이고, 다른 하나는 타 문화권이나 국가에서 벌어지는 억압적이고 폭력적인 상황에 대해 문화적 차이를 이유로 들어 간섭해서는 안 된다고 하는 것이 정당한가 하는 것이다.

우리나라의 상황에서도 인권문제는 미묘한 정치적 문제가 되고 있다. 북한의 경제가 열악해 지면서 인권상황이 점점 심각해지고 있다는 것을 모르는 한국 사람은 없다. 식량이 부족해서 목숨을 걸고 탈출을 시도하다가 많은 사람들이 중국의 인신매매단에 팔려가기도 하고, 최악의 경우에는 북한으로 송환되어 사형을 당하기도 하는 상황이다. 한국 사람들이 그동안 정부의 북한에 대한 원조를 지지한 것은 적어도 굶어죽는 동포가 있어서는 안 된다는 동포애 때문이었다. 그러나 한국에서 진보나 좌파를 내세우는 정파에서는 북한의 인권 상황에 대해서 명시적으로 언급하거나 논의의 주제로 삼는 것을 금기로 여겨왔다. 한국의 외국인 노동자나 비규정규직 노동자, 여성, 도시빈민, 농민 등과 같은 경제적 약자의 인권에 대해서 말하는 것과 북한의 기아선상에 있는 인민에 대해서 말하는 것은 전혀 다른 문제로 여겨져 왔다. 실용주의자들의 입장은 이런 태도가 정당한 것인가 하는 물음을 통해서 살펴 볼 수 있을 것이다.

위에서 언급했듯이 실용주의 철학자들은 다원주의자들이다. 즉, 인간의 보편적 본성 같은 것을 인정하지 않는다는 것이다. 따라서 인권이라는 개념이 인간의 보편적 본성에 그 철학적 근거를 가지고 있다고 생각하지 않는다. 본질주의자들은 이렇게 말하면 곧바로 실용주의 철학자들은 인권이라는 개념을 인정하지 않는다고 받아들일 것이다. 그러나 실용주의 철학자들이 인권이 인간의 보편적 본성에 근거하고 있지 않다고 보고 있는 것과 '인권'이라는 개념이 가지고 있는 현금가치를 인정하는 것은 별개의 문제이다.

실용주의자의 관점에서 보자면 인권을 주장한다고 하는 것은 인간의 내면에 존재론적으로 그와 같은 권리가 내재해 있다고 말하는 것이 아니라, 그저 약자가 부당한 힘에 의해서 희생당해서는 안 된다는 당위적인 의미를 담고 있는 것이다. 로티는 인권이 인간의 보편적 본성에 근거해 있다는 인권근본주의가 플라톤주의의 잔재일 뿐이라고 언급하면서 "인간이 진정으로 헬싱키 선언에서 열거된 권리를 가지고 있느냐는 물음은 쓸모없는 물음"이라고 주장한다.[11] 인권이라는 말을 할 때 일상적으로 사람들은 그것이 진정으로 인간에게 내재해 있는 권리인지 묻지 않는데, 철학자들만이 그 문제에 대해 비생신적인 논의를 하고 있다는 것이다. 본질주의 철학자들은 만약 인권이라는 것이 보편적인 인간의 본성에 근거를 두고 있는 것이 아니라면 서구 이외의 문화권에 속하는 사람들에게 인권문제를 제기할 수 없다고 생각한다. 그러나 실용주의자의 관점에서 문제가 되는 것은 그 개념의 철학적 정당성 여부가 아니라, 그 개념이 적용되어 가져오게 될 사회적 효과이다. 만약에 인권이라는 개념이 억압받고 착취당하는 사람들의 상황을 개선시키는 역할을 한다면 실용주의자의 입장에서 그 개념을 사용하지 않을 이유는 없다. 그리고 인권문제가 제기됨으로써 사람들의 삶의 질이 향상되었다는 역사적 사례들만으로도 인권이라는 개념은 충분히 정당화될 수가 있다.

실용주의자들의 정치적인 과제는 '인간해방'을 꿈꾸었던 계몽주의자들의 그것과 크게 다르지 않다. 다만 근대의 계몽주의자들이나 서구의 대부분의 합리주의적 정치철학자들이 그런 인간해방의 희망이 보편적인 철학적 정당성을 가지고 있다고 생각한 데 반해 실용주의자들은 그런 철학적 정당성의 여부를 따지는 것이 별로 의미가 없다고 생각한다. 예컨대 하버마스와 같은 철학자들은 의사소통적 합리성이 모든 대화상황의 전제이며, 정치적인 갈등의 상황에서 상호합의로 나아갈 수 있는 근거는 그와 같은 합리성에 의해서 무엇이 진리인지 알 수 있는 가능성이 있기 때문이라고 주장한다. 로티는 이것이 서구의 자유민주주의에 대한 철학적 정당화의 시도라고 간주한다. 로티 역시 자유의 확장과 관련하여 자유민주주의 체제는 현존하는 가장 탁월한 제도라고 보는 일종의 서구중심주의자임에 틀림없다. 그러나 로티는 서구의 자유민주주의가 확장되어야 하는 이유가 그것이 철학적인 정당성을 가진 제도여서가 아니라 인간의 사회에서 잔인성을 감소시키고 개인의 자유를 확장시켜 온 역사적 결과 때문이라고 생각한다.

실용주의자들은 지역적, 문화적 차이를 떠나서 모든 전체주의 정부에 대해 비판적이다. 전체주의는 개인들의 삶을 획일화하고, 자유롭게 살 권리를 침해하기 때문이다. 히틀러의 나치와 스탈린의 소련은 실용주의자의 눈에는 모두 전체주의 국가라는 점에서 다를 바가 없다. 정치적 자유를 제약하고 있다는 점에서 중국의 공산당 정부와 북한의 김정일 체제 역시 실용주의자들에게는 비판의 대상이다. 자본주의 경제 시스템을 독재자의 사욕을 채우는 데 이용하고 있는 아프리카의 독재국가 역시 마찬가지이다.

실용주의자에게 있어서 원조를 통해 북한 인민을 기아선상에서 구하는 일과 북한의 전체주의적인 독재정권을 비판하는 일은 양립불가능한 것이 아니다. 만약 북한의 정권이 위기에 빠짐으로써 수많은 사람들의 목숨이 위태로워질 수 있다면, 실용주의자로서는 당연히 그런 위험은 피해야 할 것이다. 그러나 그것이 수많은 인민의 목숨을 담보로 실패한 독재정권의 생존게임을 지지하는 것이어서는 안 될 것이다. 실용주의자로서는 북한의 전체주의적인 체제가 민주화될 수 있는 방안, 북한 인민의 생존권과 자유가 확보될 수 있는 방안을 모색해야 한다.

전체주의에 대한 반대와 잔인성의 감소, 자유의 확대라는 실용주의자들의 정치적 과제는 한국의 신자유주의자들이 악화시키는 경제적 약자의 인권문제와 더불어 북한의 정치체제로 인해 고통당하는 북한인민의 인권문제를 동시에 제기할 수 있는 새로운 형태의 진보를 요구한다. 인간의 삶을 끊임없이 개선시키는 것을 지식의 목표로 간주하는 실용주의자들은 정치적인 측면에서 보면 태생적으로 진보주의자들일 수밖에 없다. 그리고 이들에게 진보는 인간의 보편적 본성을 구현하는 문제가 아니라, 현실적으로 인간의 자유를 제약하는 요소들을 끊임없이 비판하고 극복해 나가는 실천의 문제이다.

과학과 합리성

실용주의를 내세우는 정치가들은 대개 합리성이 사회 전반에 확산되는 것이 중요하다는 것을 강조한다. 연고주의나 온정주의에 얽매이지 않고 옳고 그름을 가릴 수 있는 합리적 이성에 바탕을 두고 사회가 조직되어야 한다는 것에 대해서는 아무도 이의를 제기할 수 없을 것이다. 그런데 이런 종류의 합리성은 객관적인 진리를 파악할 수 있는 인간의 이성능력에서 비롯되는 것이므로, 이는 과학적 탐구의 논리가 사회적 관계 전반에 확산되어야 한다는 생각과 일맥상통한다. 이것은 다시 과학적 진리는 객관적이라고 생각하는 반면, 비과학적인 영역, 예컨대 문학이나 예술 등의 영역은 객관적 합리성이 작동하지 않는 주관적이며 비합리적인 영역이라고 생각하는 것이다.

그리고 이는 동시에 인문학이나 예술 분야와 같이 당장 경제적인 실익이 없는 분야에 대한 지원보다는 국가의 경제적 발전에 있어서 핵심적인 역할을 할 수 있는 첨단 과학기술 분야에 대한 지원이 실용주의적인 것이라고 생각하는 것이다.

합리성에 대한 강조와 과학기술의 중요성에 대한 인식은 일면 매우 정합적인 것 같지만, 사실은 양자를 이렇게 기계적으로 결합시키는 것은 실용주의 철학과는 관계가 없으며, 그런 태도는 실용주의적이라고 하기보다는 실증주의적이라고 하는 것이 더 적합할 것이다.

실용주의 철학자들은 기본적으로 실증주의 철학자들과는 달리 사실과 가치의 영역이 명확히 구분되지 않는다고 생각한다. 그들은 과학적 객관성에 근거한 합리성이라는 개념에 대한 철학적 근거를 문제 삼으면서 합리성이라는 말이 가지고 있는 다른 의미에 주목한다. 실용주의자들도 사회가 합리화되어야 한다는 것에 대해 반대할 이유는 없다. 특히 우리나라의 경우에는 여전히 지역주의, 학벌주의, 관료주의 등과 같은 비합리적인 과행들이 사회의 발전을 가로막고 있는 것이 사실이다. 실용주의자들이 꿈꾸는 자유주의 유토피아는 당연히 그런 비합리성이 사라지고 모든 사람들이 평등한 자유를 누리면서 살 수 있는 사회이다. 실용주의자라면 일차적으로 그런 비합리성을 제거하기 위해 노력할 것이다. 그런데 그들은 그런 비합리성을 제거하기 위해 우리가 확보해야 하는 입지가 실증주의자들이 생각하듯이 과학적 객관성이라고 생각하지 않는다. 오히려 실용주의 철학자들은 과학적 객관성에 기반한 합리성의 개념이 매우 편협하고 근거 없는 것이라고 생각한다.

실용주의 철학자들이 사실과 가치의 이분법을 받아들이지 않는다는 것은 저 바깥에 존재하는 진리(truth out there)를 인정하지 않으며, 사실성과 타당성의 구분을 인정하지 않는다는 것을 의미한다. 과학적 진리의 객관성을 실용주의자들은 과학자 공동체의 충성심으로 대체하고자 한다. 퍼스가 과학적 탐구에 있어서 탐구자 공동체의 역할을 강조하고 있는 것이나, 듀이가 진리의 개념 대신에 '보증된 주장가능성'의 개념을 사용할 것을 제안하고 있는 점, 그리고 로티가 은유적인 것과 문자적인 것의 구분을 허물어뜨리면서 과학적 발견의 역사에서 새로운 은유의 출현이 결정적인 역할을 해 왔다는 것을 지적하는 것 등이 실용주의자들의 과학적 진리에 대한 태도를 대변한다고 할 수 있다.

신실용주의자인 로티는 합리성의 의미를 세 가지로 구분한 바 있다. 기술적 이성으로서의 합리성, 인간 본성으로서의 합리성, 그리고 관용으로서의 합리성이 그것이다. 기술적 이성으로서의 합리성이란 환경에 대한 적응 능력을 뜻하는 것으로서 진화론적인 관점에서 보면 이것은 모든 유기체가 공유하고 있는 합리성이다. 인간의 과학기술은 이런 적응능력을 극대화시키기 위한 도구라고 할 수 있다. 과학기술은 진리의 발견을 목표로 한 것이라기보다는 환경에 더 잘 적응하기 위한 수단이라고 볼 수 있다는 것이다.

인간이 가진 합리성을 인간만이 가진 특별한 이성능력에 그 근거를 가지고 있는 것이라고 볼 때 객관적 진리를 발견하는 과학과 인간의 합리성을 연결지어 보는 관점이 성립한다. 과학기술이 가능하게 한 인간의 환경에 대한 적응력을 인간만이 가지고 있는 특별한 능력의 결과라고 간주하게 되면, 인간은 여타의 동물이 가지고 있지 않은 능력을 가진 신비스러운 존재로 여겨지게 된다. 이것은 다윈주의자인 실용주의자들로서는 받아들이기 힘든 관점이다. 실용주의 철학자들에게 있어서 객관적인 사실과 주관적인 가치 사이의 경계는 매우 모호한 것이다. 과학기술을 통해서 우리가 객관적인 사실의 영역에 들어갈 수 있다고 생각하는 것은 이러한 모호성을 간과하는 것이다. 실용주의의 격률을 인간본성으로서의 이성이라는 개념에 적용해서 생각해 본다면, 인간만이 가지고 있는 이성이라는 개념의 내용은 그 개념을 가지고 여러 가지 사유실험을 시도한 과학자나 철학자들이 얻은 결과의 총합이다. 오늘날 많은 과학자와 철학자들은 인간의 이성은 복잡성의 정도에 있어서만 차이가 있을 뿐 다른 생물들의 환경적응 능력과 본질적으로 다를 것이 없다고 주장한다. 실용주의자의 관점에서 보자면 인간이 이성을 가지고 세계의 본질을 알 수 있다고 서술하는 것은 인간에 대한 다양한 재서술의 하나일 뿐이다. 세계에 대한 과학적인 서술은 문학적인 서술이나 예술적인 표현에 비해 객관적인 진리에 더 가까이 있다고 말할 만한 근거를 우리는 가지고 있지 못하다고 하는 것이 로티의 견해이다.

로티는 과학적 객관성에 대해 다음과 같이 평가한다.

"실용주의자는 객관성에 대한 욕구를 공동체와의 연대성에 대한 욕구로 대체시키고자 한다. 그들은 힘보다는 설득에 의지하고, 동료의 의견을 존중하며, 새로운 자료와 생각에 호기심을 갖고 그것을 찾아 나서는 것이 과학자가 갖는 덕목이라고 생각한다. 이런 도덕적인 덕목 이외에 '합리성'이라고 불리는 지적인 덕이 있다고 생각하지 않는다.

이런 관점에서 보면 과학자가 다른 사람보다 '객관적'이라거나 '논리적'이라거나 '방법적'이라거나 혹은 '진리에 헌신한다'고 해서 칭찬받을 이유가 없다. 그러나 그들이 발전시킨 제도를 칭찬하고, 그것을 다른 문화의 모델로 사용할 이유는 많이 있다. 왜냐하면 그 제도는 '강제 없는 합의'라는 생각에 구체성을 부여하기 때문이다."12)

로티의 이러한 언급은 과학적 객관성의 추구가 인간의 삶을 개선시키는 문제와 필연적인 연관성을 가지고 있는 것은 아니라는 지적으로 볼 수 있다. 과학이 밝히는 진리에 따라서 우리의 사회를 개선시킬 수 있다는 생각은 계몽주의자들의 철학적 전제였지만, 객관적 진리의 존재를 인정하지 않는 실용주의자들은 그런 생각을 받아들이지 않는다는 것이다. 다만 과학자 공동체가 발전시켜 온 문화는 비판에 열려있고, 힘보다는 설득을 통해서 공통의 합의를 이끌어 내는 문화라는 점에서 다른 문화의 도덕적 모델이 될 수 있다.

과학기술의 합리성에 대해 실용주의자가 긍정적인 의미를 부여하는 이유는 그것이 진리와 연결되어 있기 때문이 아니라 문제해결을 위해 노력하는 공동체 구성원들 사이의 설득과 타협을 가능하게 하는 모델을 제공하기 때문이다. 여기서 지적되고 있는 합리성의 내용은 실용주의자들이 말하는 관용으로서의 합리성을 뜻한다고 할 수 있다. 로티는 관용을 "자신과 다른 것에 대해 지나치게 당황하지 않으며, 그런 차이에 대해 공격적으로 반응하지 않는 능력"[13]이라고 설명한다. 실용주의자가 생각하는 합리성은 형식적 합리성, 방법적 합리성, 목적 수단 관계에서 성립하는 합리성이 아니라, 질적인 합리성이며, 다른 사람의 의견을 존중하는 태도, 힘보다는 설득에 의존하는 태도, 차이에 대한 인내 등을 의미한다고 할 수 있다.

우리 사회의 연고주의, 학벌주의, 지역주의 등과 같은 비합리적 요소를 제거하기 위해서 합리성이 확산되어야 한다는 '실용주의적' 태도에 대해 실용주의 철학자들의 생각을 적용해 본다면, 그것이 과학적 객관성에 근거한 합리성을 내세우는 문제와는 아무런 상관이 없는 문제라는 것이 드러난다. 사회가 합리화된다는 것은 실용주의적인 관점에서 보면 사회가 더 효율적으로 된다는 것과는 사실 관련이 없다. 오히려 사회가 합리화된다는 것은 약자를 배려할 수 있는 문명화된 태도를 가진 사람들이 늘어난다는 것을 뜻한다. 실용주의자들이 말하는 관용으로서의 합리성은 경쟁을 부추기면서, 효율적으로 성과를 내놓을 것을 닦달하는 합리성이 아니라, 각자가 원하는 방식으로 살 수 있는 자유의 확대를 위해 차이를 인정하고 약자를 배려하는 합리성이다.

이런 식으로 본다면, 실용주의자가 과학기술의 발달을 문학이나 예술의 발전보다 강조할 특별한 이유는 없다. 돈이 되는 첨단 과학기술을 발달시켜 생활을 개선시켜야 한다는 주장은 그 혜택이 공동체 구성원에게 골고루 돌아간다는 보장이 없는 한, 단지 신자유주의적인 주장일 뿐이다. 실용주의자들은 경제적 가치를 삶의 질을 향상시키는 중요한 요인으로 간주하긴 하지만, 가장 우선시되어야 할 가치라고 생각하지는 않는다. 오히려 그들이 주목하는 것은 인간이 행복을 느낄 수 있는 가치가 다양하다는 것이며, 그 다양한 가치들이 관용으로서의 합리성을 통해서 보장받는 사회를 만들어 가는 일이 중요하다는 것이다.

문화적 다양성과 동아시아 공동체

우리는 앞에서 고전적 실용주의자들의 주된 관심 가운데 하나가 종교와 과학의 갈등을 중재하는 것이라고 지적했다. 서로 이질적인 문화가 충돌할 경우 실용주의는 그에 대한 적절한 대응책을 제시할 수 있다. 실용주의자들은 전통적 가치와 새로운 가치가 충돌하는 상황에서 원론적으로 어떤 가치를 배제하는 태도를 취하는 대신 두 가치의 효용성을 고려함으로써 새로운 가치를 융합할 수 있는 가능성을 보여주었다.

듀이가 생각하는 민주주의 사회는 개인의 개성이 보장되어야 하는 사회이다. 이것은 곧 실용주의자가 생각하는 민주주의와 문화적 다원주의는 서로 별개의 것이 아님을 말한다. 개인의 개성이 보장되기 위해서는 삶의 방식에 관한 기본적인 신념들의 차이가 인정되어야 한다. 실용주의자들은 그런 다원적인 신념들이 평등하게 보장될 때 각 개인은 행복한 삶을 살수 있다고 생각한다.

오늘날 우리 사회에서 문제가 되고 있는 문화적인 갈등은 주로 세계화의 결과라고 할 수 있을 것이다. 세계화는 정치 경제 영역에서뿐 아니라 삶의 방식과 관련된 문화적 영역에서도 다양한 문제를 불러일으킨다. 특히 신자유주의적인 세계화는 알게 모르게 미국 중심의 자본주의적 문화를 확산시키는 데 기여한다. 그리고 인터넷의 발달로 인한 정보화는 문화적 차이를 낳았던 시공간적 거리를 무의미하게 함으로써 이질적인 문화의 소통을 가능하게 하고 이것은 때때로 소수문화의 소멸을 야기하기도 한다. 금융자본의 세계화는 전 세계인을 하나의 자본주의 경제 시스템 속에 묶어 버림으로써 그 누구도 다국적 자본의 힘 앞에서 자유로울 수 없게 만들었다.

여덟 쌍 중에 한 쌍이 국제결혼을 한다고 하는 오늘날의 한국 사회도 이제 더 이상 단일민족이니, 한민족이니 하는 민족주의적 수사를 통해 애국심을 고취시킬 수 있는 사회가 아니다. 외국인 노동자가 없이는 한국 경제가 돌아갈 수 없는 상황이 되었고, 농촌에는 다양한 아시아계 한국인들이 늘어나고 있다. 한국의 기업들은 글로벌 인재를 키우지 않으면 생존할 수 없는 상황이 된지 오래고, 교육이나 행정 분야 역시 소위 '글로벌 스탠더드'에 부합하지 않으면 살아남기 힘든 영역이 되었다. 영어능력이 중시되면서 조기유학을 떠나는 어린 학생들이 늘어나고, 사교육시장은 이미 비정상적일 정도로 비대해졌다.

상황이 이렇게 되면서 우리 사회는 예전에는 겪어보지 못했던 다양한 문화적 가치의 갈등을 경험하고 있다. 예컨대, 한편에서는 농촌에 시집온 동남아시아 출신의 많은 여성들이 한국말을 잘 하지 못한다는 이유로 남편에게 매를 맞거나, 집안에서 구박을 받다가 도망쳐 나오는 일도 있고, 외국인 노동자들은 불법체류자라는 약점 때문에 사장에게 구타를 당하거나 임금을 떼여도 아무런 하소연도 하지 못하는 경우도 있다. 다른 한편에서는 글로벌 스탠더드에 부합하는 인재를 키워야 한다면서 너도나도 아이들의 영어 교육에 매달리다 보니, 자격도 갖추지 못한 원어민 강사를 데려다가 물의를 일으키는 경우도 흔하다. 영어공용화론이 우리 사회에서 수그러들지 않는 것은 영어능력이 세계시장의 경쟁력과 등치되기 때문이다.

동남아시아 출신의 이주여성들에게 도움을 주기 위한 프로그램이 현실적으로 시행되고 있기는 하지만, 그들에게 한국어를 가르치고, 한국의 전통문화를 가르치는 것으로 문화적 갈등을 해소하기 위한 노력을 다 한 것으로 생각한다면 그것은 매우 위험한 착각이다. 한국의 남성들이나 시집 식구들에게 며느리 나라의 언어와 전통을 이해시키는 프로그램이 빠진다면 그것은 두 문화의 차이를 상호 인정하는 태도라기보다는 일종의 문화제국주의적인 태도가 될 수도 있기 때문이다. 영어를 공용어로 쓰자는 것 역시 서구의 가치에 순응하기 위한 제도적 장치를 마련하자는 주장으로 볼 수 있다.

다양한 문화적 가치가 충돌하는 상황에서 실용주의적인 태도를 취한다는 것은 어떤 것일까? 몇 해 전에 한 라디오 프로그램에서 한국의 보신탕 문화를 비판하는 프랑스의 여배우와 프로그램의 진행자가 설전을 벌인 일이 있었다. 아마도 한국 사람들은 당연히 문화적 차이를 인정하지 못하는 프랑스의 여배우를 비난했을 것이다. 그러나 다른 한편으로 이슬람권의 명예살인에 관한 이야기를 들을 때 한국 사람들은 기본적인 인권을 유린하는 사람들이라고 이슬람권의 사람들을 비난할 것이다. 전자의 경우에는 문화상대주의의 입장에서 문화적 가치에 관한 보편주의적인 입장을 비판하는 것으로 볼 수 있고, 후자의 경우에는 보편주의적인 입장에서 문화적 차이를 인정하지 않겠다는 입장으로 볼 수 있을 것이다.

자신이 속한 문화의 가치를 보편적이라고 주장하면서 다른 문화가 자신의 문화에 순응하거나 동화되어야 한다고 보는 입장을 자문화중심주의라고 한다. 오리엔탈리즘은 서구의 자문화중심주의가 문화제국주의의 형태로 나타난 대표적인 사례라고 할 수 있을 것이다. 문화상대주의는 이런 보편주의적인 문화제국주의에 맞서서 약소민족의 문화도 가치가 있다는 것을 강조한 문화인류학자들의 입장이다. 그러나 이 두 입장은 모두 나름대로의 문제를 안고 있다. 자문화중심주의 혹은 문화제국주의의 입장은 보편성을 내세우면서 타문화의 가치를 인정하지 않으려 한다는 점에서 우리가 앞서 살펴 본 관용적인 태도로서의 합리성을 결여하고 있는 입장이라고 할 수 있다. 한편, 문화상대주의는 문화적 다양성을 존중하면서 모든 문화적 전통은 그것이 단지 오래된 전통에서 성립된 것이라는 이유만으로도 보존될 가치가 있다고 보는 입장이다. 그런데 이런 입장에서는 명예살인이나 미개 부족에서 행해지고 있는 인간사냥의 습속도 나름대로의 가치가 있는 문화적 전통이라고 해야 한다는 불합리한 결론으로 나아가게 된다. 실용주의는 이 두 극단의 입장을 모두 옳다고 보지 않으며, 문화적 다양성을 존중하되 바람직하지 않은 문화적 전통은 대안적인 문화에 의해서 대체되어야 한다고 주장한다.

세계화가 문화의 획일화를 주도하는 상황에서 동아시아권에 속한 지식인으로서는 그러한 서구중심의 획일화에 대항하는 대안을 모색하는 일이 중요하다. EU와 같은 새로운 지역공동체가 등장했듯이, 동아시아권에 속하는 나라들 역시 국제적인 역학 관계 속에서 생존하기 위해서는 국가나 민족 단위의 정치, 경제, 문화적 경계를 넘어서서 새로운 지역공동체를 구축할 필요가 있다는 데 대해 많은 사람들이 공감하고 있다. 이러한 상황에서 아시아 지역의 지식인들에게는 서구의 문화적 패권에 맞서서 지켜야할 아시아적 가치가 어떤 것이 있는지, 또는 서구중심주의에 대안으로 내세울 만한 아시아의 보편적 가치가 무엇인지 묻는 것이 하나의 과제로서 등장하고 있다. 아시아권의 지식인들에게 있어서 아시아가 서구화된다는 것은 문화제국주의적인 침략의 사례로서 이해되고 있다. 아시아에서 찾을 수 있는 세계화 시대의 보편적 가치를 탐구하는 것은 아마도 그러한 역사적 피해의식 때문일 것이다.

로티는 동양이 서구화되고 있다는 것에 대해서 동의하지 않는다. 그는 서양과 동양이 혼성 문화를 창조하는 과정에 있으며, 그 문화는 그보다 앞선 모든 문화를 넘어서고 대체할 것이라고 말해야 한다고 주장한다.[14] 세계화의 과정은 서구의 문화가 일방적으로 타 문화권에 침투해 들어가는 과정이 아니라 다양한 문화들이 서로 혼성화 되어가는 과정이라는 것이다. 서울에서 캐나다 사업가가 자신의 동업자와 거래하고, 수천 명의 필리핀인들이 아랍인의 가정에서 일하기 위해 이동하고, 수십억의 사람들이 텔레비전이나 인터넷을 통해 세계의 반대편에서 일어나고 있는 일을 접하고 있는 상황은 단순히 일방적인 문화의 침투과정으로 보기는 어렵다는 것이다.

로티는 지적인 지평의 융합이 사회, 정치적 변화를 열망하는 것의 결과로서만 발생할 수 있다고 말한다. 이것은 보편적인 인간의 가치나 보편적인 인권 같은 개념이 실제로 존재하는지의 여부를 떠나서 사람들이 평화롭게 공존할 수 있는 길을 실천적으로 모색할 때 어떤 실제적인 문화적 지평의 융합을 생각할 수 있다는 것이다. 간단히 말하면 생활상의 변화가 우선적인 것이고, 지적인 성과는 그 다음이라는 것이다. 로티는 다음과 같이 말한다.

"나는 …… 보편적인 인간 가치에 대한 탐구나 유럽과 아시아적 가치 사이의 거대한 문화적 구분에 대해 이야기하기보다는 근대 기술이 특정한 사회, 정치적 목표를 달성하기 위해 어떻게 사용될 수 있는지 이야기할 수 있기를 희망한다. 그런 유럽적 가치와 아시아적 가치에 대한 거대한 문화적 구분을 통해서 중국인들이 인종주의, 군사주의, 소비주의의 위협을 피할 수 있을 것 같지는 않다. 그런 것들의 서양 버전은 같은 방식으로 인간의 자유와 행복을 위협해 왔다. 세계인들이 오늘날 워싱턴을 바라볼 때 품고 있는 의혹은 머지않아 북경을 향하게 될 것이다."15)

이러한 로티의 언급은 혼성화를 가속화하고 있는 세계화의 상황에서 문화적 구분에 대한 담론을 펼치는 것이 새로운 문화를 창조해 내는 데 별로 기여할 것이 없으며, 지식인들이 문화를 구분함으로써 가치를 대조하거나 보편적인 가치를 성찰해 내려는 시도는 공허한 철학적 논의에 머무를 수 있을 것이라고 보는 것이다. 미국 중심의 자본주의 문화가 다른 문화권에 확산됨으로써 서구중심주의적 문화제국주의의 논의를 불러일으켰듯이, 만약 중국이 미국의 자리를 대신하는 시대가 도래한다면, 아마도 사람들은 아시아적 가치의 제국주의화라는 비슷한 논의를 시작할 것이다. 실용주의자의 관점에서는 이런 논의는 문화적 혼성화와 변용의 결과 나타나는 지적인 부산물일 뿐이다. 어떤 가치가 보편적이냐 또는 어떤 가치가

지켜져야 하느냐의 문제는 새로운 문화의 창출을 위해 기여하기보다는 새롭게 등장한 문화적 상황을 서술하는 단계에서 등장하게 될 문제일 것이다.

이런 실용주의적인 관점은 동아시아 공동체의 구상에 대해서도 적용해 볼 수 있다.[16] 로티의 지적을 따른다면, 동아시아 공동체의 형성은 아마도 동아시아 국가 구성원들의 평화에 대한 갈망과 자국민의 번영에 대한 희망을 통해서만 형성될 수 있을 것이다. 그리고 그런 희망이 실제로 어떤 사회, 정치적 변화를 이끌어 낼 때 가능할 것이다.

실용주의자가 생각하는 문화적 혼성화의 결과는 새로운 문화적 정체성의 형성이다. 민족국가의 틀을 가지고서는 아마도 그러한 새로운 정체성을 형성하기는 어려울 것이다. 물론 세계화로 인해 문화적 혼성화의 주체로 등장한 행위자는 기존의 국민국가를 비롯해서, 기업, 국제조직이 모두 포함되겠지만, 오늘날 소프트 이슈라고 불리는 환경, 지역, 인권, 여성 등의 문제를 담당하기 위한 비정부 민간조직(NGO)의 구성원들을 그러한 행위자의 대표적인 사례로 볼 수도 있을 것이다. NGO의 구성원들은 "국가나 민족, 지역의 경계를 뛰어넘어, 자발성을 바탕으로 그들의 국적에 구애받지 않고 개인의 자격으로 국제사회의 동학에 참여"[17]하는 사람들이다.

문명 간 교류와 소통이 활발해지고, 새로운 지역적 공동체의 형성이 과제가 되고 있는 오늘날의 상황에서 실용주의자들의 관점은 지역의 공통적 가치에 대한 철학적 성찰은 새로운 정체성의 형성에 별로 도움이 되지 않으며, 구체적이고 현실적인 맥락에서 이루어지는 수많은 혼성화의 과정에 주목할 필요가 있다는 것이다. 동아시아의 발전모델을 설명할 때 등장했던 소위 '아시아적 가치'라는 것은 아무것도 표상하는 것이 없으며, 서양인들이 자신들의 필요에 따라 만들어 낸 허구적인 개념이라는 설명[18]에 대해 실용주의자들은 설득력이 있다고 생각할 것이다. 이런 식의 공허한 개념을 만들어낼 가능성은 새로운 문화적 정체성을 추상적 담론을 통해서 만들어 내려는 시도를 할 때 언제나 현실화될 수 있다.

실용주의자들이 새로운 지역 공동체의 형성에 관심을 갖는다면, 그것은 그런 지역 공동체가 각 공동체 구성원들의 자유를 확장시킬 가능성을 가질 경우에 한정될 것이다. 우리 사회에서는 이미 다양한 문화적 혼성화가 진행되고 있다. 실용주의자들은 모든 국민이 영어에 능통해야 한다고 주장하는 영어 공용화론자들에게 동조하지 않을 것이다. 외국어 능력이 생존에 필수적인 사람들은 국가가 시키지 않아도 스스로 외국어 능력을 키울 것이다. 오늘날의 문화 혼성화의 상황은 그 외국어가 꼭 영어가 되어야 할 이유가 없다. 또한 실용주의자들은 외국인 노동자와 이주 여성들에 대해 한국적인 것을 강요하려고 하지 않을 것이다. 자유와 다양성이라는 민주주의적 가치를 중요하게 여기는 실용주의자는 새로운 문화적 공동체의 정체성이 위로부터 부여되는 것이 아니라 아래로부터 구체적이고 실천적인 방식으로 형성된다고 생각할 것이다.

실용주의는 소비사회의 이데올로기인가?

실용주의에 대한 가장 일반적인 비난은 실용주의가 경제적 가치만을 따지는 황금만능주의에 불과하다는 것이다. 이런 비난이 일반화되어 있는 이유는 아마도 미국 문화를 얕잡아보는 영국이나 유럽의 지식인들의 실용주의에 대한 평가를 국내의 학자들이 무비판적으로 답습해 온 것이 일반인들 사이에 부지불식간에 각인되었기 때문일 것이다.

미국인의 생활태도가 실용주의적이라는 것을 부정할 사람은 없을 것이다. 그런 점에서 실용주의는 단지 미국의 철학일 뿐 아니라 미국인의 생활방식을 대변하는 용어이기도 하다. 실용주의는 청교도 정신을 가진 미국인들이 산업화된 자본주의 사회를 만들어가던 시대에 등장했다. 당시 미국인들에게 요구되던 덕목은 근면, 성실, 검약과 같은 청교도적인 성실성과 더불어, 발명과 상업적 성공이라는 물질적인 가치들이었다. 실용주의 철학자들의 도구주의적 태도나 결과주의적인 태도는 미국인들의 이러한 생활방식과 맞물리면서 실용주의 철학자체가 한 시대의 상업주의적인 시대정신을 대변하는 천박한 입장으로 치부되었다.

미국의 사상가이면서도 실용주의에 대해 비판적이었던 루이스 멈포드(Louis Mumford, 1895~1990)는 실용주의를 길디드 에이지(Gilded Age, 19세기 후반 미국의 상업주의적인 시대)의 시대정신을 대변하는 것이라고 폄하했으며, 영국의 철학자인 버트런드

러셀(Bertrand Russell, 1872~1970) 역시 실용주의를 미국 상업주의의 철학적 표현이라고 비꼬았다.19)

이러한 관점은 미국인들의 생활태도가 실제적인 것을 중시한다는 점에서 전혀 근거가 없는 것은 아니지만, 실용주의 철학자들이 오로지 돈으로 표현되는 물질적인 가치만을 내세운다고 보는 점에서 실용주의에 대한 곡해라고 할 수 있다. 실용주의 철학자들은 가치의 다양성을 중시하는 다원주의자들이다. 그들은 물질적 성공은 다양한 가치의 실현을 위한 조건으로서만 의미가 있을 뿐이라고 생각할 것이다.

자본주의가 고도로 발달하면서 생긴 오늘날과 같은 소비사회의 맥락에서 실용주의적인 태도를 취한다는 것이 어떤 것인지 고찰해 보는 것이 실용주의의 세속적 가치에 대한 태도를 이해하는 데 도움이 될 것이다. 경제적인 성공을 추구하면서 소비사회의 발달을 도모하는 것이 실용주의적인 것인가 아니면 청교도 정신으로 검약과 절제를 미덕으로 내세우는 것이 실용주의적인 것인가? 실용주의 철학자들은 소비를 어떻게 해야 하느냐 하는 즉물적인 답에 대답하기보다는 소비사회의 벽이 생산해 내는 사회적인 차별과 물질적인 가치가 주된 가치가 됨으로써 삶의 양식이 획일화되는 데서 발생하는 문제들을 어떻게 해결하느냐 하는 데 관심이 있을 것이다.

소비사회의 문제는 오늘날 여러 철학자나 사회학자들에 의해서 주목을 받고 있다. 지그문트 바우만Zigmunt Bauman과 같은 사회학자는 오늘날의 소비사회를 자본주의가 만들어 낸 일종의 환상의 공동체라고 보고 있다. 마르크스는 일찍이 자본주의의 사적인 소유가 철폐될 때 각 개인이 자유로운 삶을 살수 있을 것이라고 예언했지만, 자본주의는 사적인 소유를 철폐하지 않고서도 모든 개인들이 자유롭게 살 수 있을 것이라는 환상을 심어줄 수 있는 사회형태를 만들어 냈다는 것이다. 바우만이 환상의 공동체라고 부르는 소비사회는 소비의 대상이 물질적인 재화에 머무르는 것이 아니라, 소비자가 상상할수 있는 모든 것을 소비의 대상으로 만들 수 있는 사회이다. 여기서는 심지어 소비자가 스스로를 표현할 수 있는 정체성마저도 상품으로서 등장한다. 소비자는 자신이 원하는 상품을 소비함으로써 자신이 주체적이며 자율적인 삶을 살고 있다고 여기게 된다는 것이다. 바우만에 의하면 소비자가 소비를 통해 삶의 정체성을 획득할 수 있다고 생각하게 만들었다는 것이 소비사회의 커다란 성취이다. 그러나 이런 성취는 다른 한편으로는 소비할 수 없는 사람들의 부자유를 통해서만 성립하는 것이다. 바우만이 소비사회를 환상의 공동체라고 부르는 이유는 소비할 수 있는 자유를 가진 사람들이 얻게 되는 자율성이, 소비사회의 보이지 않는 벽에 가로막혀 소비할 수 있는 자유를 갖지 못한 사람들의 부자유에 기초해서만 보장된다고 보기 때문이다. 소비사회는 마치 모든 사람들이 자유로운 소비자가 될 수 있다는 듯이 환상을 불어넣지만, 자본주의 사회에서는 그런 소비의 자유를 얻지 못한 계층이 언제나 존재할수밖에 없으며, 그래서 모든 사람이 자유로운 삶을 살 수 있다

는 것은 소비사회에 접어든 자본주의가 불어넣은 헛된 망상에 불과하다는 것이다.[20]

『소유의 종말』의 저자인 리프킨 역시 오늘날의 소비사회는 마르크스가 꿈꾸었던 인간해방의 가능성을 변형된 형태로 실현하고 있는 사회라고 진단한다. 그에 의하면 고도로 발달한 자본주의는 물질적 재화만을 상품화하는 것이 아니라 인간의 관계마저도 상품화한다. 예를 들면, 사람과 사람 사이의 믿음이나 공감, 연대의 감정에 기반을 둔 관계는 등록, 입회료, 수임료 등과 같은 요금에 기반을 둔 계약관계로 바뀐다는 것이다.[21] 결혼식을 해야 하는데 친구가 많지 않아 고민이 되는 사람들은 특정 회사에 전화를 하면 일당을 받고 아르바이트를 하는 가짜 친구들을 보내준다. 장례를 치를 때에도 예전에는 동네 사람들이 서로 도와서 힘든 일을 거들고 유족을 위로했다면, 요즘은 전화 한 통화로 모든 일을 처리해 주는 회사가 성업 중이다. 리프킨은 전에는 돈을 주지 않아도 되었던 일들이 이제는 돈을 지불하지 않으면 안 될 정도로 모든 것들이 상품화되었다는 것을 지적하고 있는 것이다. 이것은 역설적으로 인간의 연대와 문화적 체험과 같은 무형의 것들도 돈만 지불하면 자신의 것으로 만들 수 있다는 이야기가 된다. 오늘날의 소비사회는 돈에 의해서 자유를 보이지 않는 것의 영역에까지 확장시킨 사회라고 할 수 있을 것이다.

그러나 바우만이 지적하듯이 이런 자유는 부자유를 전제한다는 점에서 진정한 자유가 아니다. 소비사회의 자유가 왜곡

된 자유라는 것에 대한 신랄한 비판은 프랑스의 사회학자이자 철학자인 보드리야르에 의해서 제기된 바 있다. 소비사회에서 소비자는 이미 물질적인 재화를 소비하는 것이 아니라 기호를 소비하고 있다는 것이 보드리야르의 진단이다. 그에게 있어서 소비과정은 기호를 흡수하고 또 기호에 의해서 흡수되는 과정일 뿐이다. 소비자는 이런 과정에서 자기 자신에 대한 시각을 상실하기 때문에 스스로 반성적인 주체가 되지 못한다. 이런 상황을 보드리야르는 '주체의 소멸'이라고 부르고 있다. 소비 사회의 개인은 소비의 주체도 아니고 자율성을 가진 주체도 아니다. 개인들은 기호의 질서가 강요하는 선택에 따라서 소비할 뿐이다. 명품에 관심이 있는 한 직장 여성을 생각해 보자. 그는 자신의 월급을 한 푼도 쓰지 않고 몇 달치 모아야 살 수 있는 명품 핸드백에 관심이 있다. 그는 그것을 당장 살 수 없기 때문에 퇴근 후에 명품 백화점에 들러서 그 핸드백을 구경하는 것을 일과로 삼고 있다. 몇 달 동안 내핍생활을 해서 돈을 모은 그는 결국에는 그 핸드백을 구입한다. 이 여성이 산 것은 과연 핸드백일까? 보드리야르의 관점에서 보자면 그는 핸드백을 산 것이 아니라 그 핸드백에 붙어있는 상표, 즉 기호를 소비한 것이다. 기호란 차이의 체계이며, 특히 사회적인 차이를 나타낸다. 그 여성은 남들이 쉽게 살 수 없는 물건을 구입함으로써 자신이 남들과 다르다는 것을 나타내 보이기 위해 그러한 소비행태를 보인 것이다. 그 여성은 그 핸드백이 자신의 개성을 드러내며, 그런 것을 소비할 수 있는 자신은 자유롭다고 생각할 것이다. 그러나 보드리야르에 의하면 그는 단지 기호의 소비과정에서 꼭두각시 노릇을 하고 있을 뿐이다.

오늘날의 소비사회는 물질적인, 혹은 기호적인 가치를 갖는 재화를 소비함으로써 인간이 자유로운 삶을 살 수 있다고 생각하는 사회이다. 만약 멈포드나 러셀과 같이 실용주의를 상업주의의 철학적 표현이라고 본다면 자본주의의 새로운 국면인 소비사회는 실용주의자가 꿈꾸었던 사회라고 해야 할 것이다. 과연 실용주의자들이 열망하는 세속적인 가치의 실현은 이런 황금만능주의라고 할 수 있는 것일까?

제임스와 듀이, 그리고 로티에게서 발견되는 세속주의적인 태도는 이런 황금만능주의와는 아무런 관련이 없다. 그들의 세속주의는 좀 더 철학적이다. 그들은 실천적으로 검토할 수 없는 선험적이거나 형이상학적 진리를 가지고 사람들의 개성을 무시하거나 삶의 양식을 획일화하는 태도에 반대해서 세속주의적인 태도에 편드는 것이지, 물질적 가치가 자율성을 가져다준다고 보아서 그런 것이 아니다. 오히려 그들은 소비사회의 이데올로기가 사람들의 자율성을 심각하게 침해하고, 자유에 대한 환상을 심어준다면, 적극적으로 그와 같은 이데올로기에 맞서 싸우고자 할 것이다. 왜냐하면 실용주의 철학자들이 갈망하는 세속적인 가치란 모든 사람들이 진정으로 자유롭고 자율적인 삶을 살 수 있는 민주주의 사회의 구성에 필요한 가치를 말하는 것이기 때문이다.

이렇게 본다면, 소비사회에 대한 실용주의적 태도는 위에서 언급했던 여러 비판가들보다도 더 비판적일 수가 있다. 바우만이나, 보드리야르와 같은 학자들은 소비사회의 자유가 소비할 수 없는 자들의 부자유를 전제하고 있는 것이며, 이것은 극복할 수 없는 자본주의의 현 상황이라고 보는 비관주의적인 태도를 보이고 있다. 그러나 실용주의자들은 자율적인 삶을 가능하게 하는 민주주의 사회의 수립이라는 목표가 본질적으로 불가능하게 되는 조건 같은 것은 존재하지 않는다고 생각한다. 실용주의자들은 더 나은 삶을 위한 정치적 실험을 하는 데 있어서 근원적인 장애물은 없다고 여긴다. 이것이 그들을 희망을 잃지 않는 실천가들로 남게 하는 이유이다.

민주주의

혼히들 이념을 넘어 실용을 추구하는 것이 실용주의라고 한다. 실용주의 철학자들이 보편적인 진리나 초역사적인 기준을 가지고 현실의 문제를 재단하는 것에 대해 반대한다는 측면에서 보면 이것은 어느 정도 맞는 말이다. 그러나 현실적인 맥락에서 '이념을 초월해서 실용을 추구한다'라는 정치적 슬로건이 가지고 있는 의미에 대해서 실용주의 철학자들이 과연 동의할 것인지는 의문이다. 왜냐하면 언제나 그런 슬로건은 성공지상주의자들이 사회적 약자를 위한 정책적 배려를 소홀히 해도 좋다는 경쟁의 논리를 미화할 때 사용되는 경우가 많기 때문이다.

듀이는 1919년 일본에 초청되어 강연을 했을 때, 철학의 과제가 현실적으로 당면한 사회적 갈등을 해결하기 위한 대안을 제시하는 것이 되어야 한다고 역설했다.[22] 철학은 궁극적인 실재를 다룬다는 구실로 언제나 사회 전통에 들어 있는 귀중한 가치를 점유해 왔지만, 현실적으로 가치들이 갈등을 일으키는 상황에서 철학은 그런 안전한 길에서 벗어나 자기 시대의 사회적 도덕적 투쟁에 대한 사람들의 개념을 명료하게 하는 일에 매진해야 한다는 것이다.

따라서 듀이에 의하면 실용주의적 철학은 그 시대에 있어서 무엇이 사회적으로 또 도덕적으로 올바른 것인가에 대한 해답을 제시해야 한다. 이런 관점에서 보면 '이념을 초월해서 실용을 추구한다'라는 정치적 구호는 대답되어야 할 문제를 숨기고 있거나 선취하고 있는 것이다. 거기서 말하는 실용이 누구를 위한 것이고 무엇을 위한 것인지에 대해서 명확하게 하지 않은 채 사람들을 자본주의적인 경쟁으로 내몰기 때문이다. 실용주의자라면 우리 시대에 올바른 가치란 무엇인가, 옳다고 여겨야 할 도덕적 가치는 무엇인가 하는 등의 문제부터 제기해야 한다. 물론 그런 물음에 대한 답은 다양한 정책적 실험을 통해서 얻은 결과들로부터 얻어질 수 있을 것이다.

실용주의가 마치 모든 이념을 초월해 있는 것처럼 말하는 것은 실용주의에 대한 오해를 불러일으키는 요인 중 하나이다. 정치적인 영역은 언제나 다양한 가치들이 적대적으로 대립하기 마련이고, 사회를 어떤 식으로 발전시켜야 할 것인가

하는 문제와 관련해서 설정되는 정치적 목표는 어떤 가치가 바람직한 것인가를 고려하지 않을 수 없다는 점에서 이념으로부터 완전히 자유로울 수 없다. 실용주의도 마찬가지이다. 다만 실용주의는 최대한 많은 사회의 구성원들이 더 나은 삶을 살 수 있는 대안을 찾는 데 있어서 항상 열려 있다는 것을 특징으로 할 뿐이다. 실용주의는 그런 대안을 찾는 가장 바람직한 방법이 민주주의의 절차에 따르는 것이라고 보는 점에서 실용주의의 이념은 민주주의라고 할 수 있다.

이것은 실용주의의 이념을 너무 막연하게 설정한 것이기는 하지만, 엘리트주의, 본질주의, 근본주의, 귀족주의, 전체주의, 보수주의 등에 대해 반대한다는 점에서 정치적인 색깔이 없는 것이라고 볼 수는 없다.

듀이는 1888년에 쓴 글에서 엘리트주의적인 귀족주의자들이 민주주의에 대해 공격한 것에 대해 강력하게 반론을 펼치고 있다.[23] 귀족주의자들의 민주주의에 대한 일차적인 비판은 민주주의가 다수, 즉 대중의 지배이며, 이것은 필연적으로 파당과 부패로 연결된다는 것이었다. 듀이는 이에 대해 민주주의를 파편적인 다수의 개인들에 의한 지배형태로 보는 것은 잘못된 것이며, 사회는 그러한 개인들의 집합이 아니라 하나의 유기체로 간주되어야 한다고 주장한다. 비사회적 개인이란 추상적인 허구이며, 인간은 본질적으로 사회적인 존재라는 것이다. 이것은 곧 민주주의 사회가 공통의 의지를 가질 수 있다는 것을 뜻한다. 엘리트주의자들은 민주주의의 기본적인 의사

결정 방식인 다수결의 원리가 다수가 소수를 지배하기 위해 행사하는 폭력에 불과하다고 주장한다. 그러나 듀이는 다수결을 이렇게 보는 것은 의사결정의 결과에만 주목하기 때문에 핵심을 놓친 것이라고 보고 있다. 듀이에 의하면 다수결에서 중요한 것은 다수가 형성되어 가는 과정이다. 각 개인은 단순히 원자적 개인으로서 투표에 참여하는 것이 아니라 사회적 유기체의 의도를 표명하고 있는 것이다. 의사결정의 과정에서 소수파는 경계선에 있는 사람들을 끌어들이기 위해 다수의 아이디어를 채택하며, 다수는 그것을 되찾아오려고 투쟁하는 가운데 양보를 하게 되고, 이런 밀고 당기기는 사회 구성원의 평균적인 의사를 반영할 때까지 지속된다는 것이다. 다수는 단순히 수적인 우위를 가지고 지배를 하는 것이 아니라, 지배의 수단을 획득하려고 노력하는 가운데 지배할 자격을 갖추게 된다. 이러한 듀이의 다수결에 대한 입장은, 잘 작동하는 민주주의 제도 속에서 힘이나 폭력이 아니라 대화와 타협이 얼마나 본질적인 역할을 하는 것인지 잘 말해 주고 있다.

또한 듀이는 민주주의적 주권의 개념을 유기체적 개인이라는 개념으로 설명한다. 그에 의하면 사회가 하나의 유기체라는 것은 개인에 대해서도 동등하게 적용되어야 하는 주장이다. 개인과 사회는 상호적인 관계로 하나의 유기체를 이루고 있으며, 개인은 그런 의미에서 응집된 사회라고 할 수 있다. 개인은 사회의 이미지나 거울이라기보다는 사회적 삶의 지역화된 표현이며, 사회적 의지의 구현체이다. 민주주의 사회에서 모든 개인이 주권자라고 할 수 있는 이유는 바로 이렇게한 개인이 사회적 의지의 구현체이기 때문이다.

듀이의 이러한 유기체로서의 사회와 개인에 대한 관점은 그가 민주주의 사회를 지배자와 피지배자, 가진 자와 못 가진 자로 분열된 사회가 아니라 하나로 통합된 사회로 보고 있음을 보여준다. 민주주의 사회에서 지배자와 피지배자는 두 개의 계급이라기보다는 통일적인 동시에 분절된 의지를 소유하고 있는 사회의 두 측면을 반영할 뿐이다. 물론 이런 민주주의 사회에 대한 서술은 듀이가 꿈꾸는 '우리 자신의 국가로서의 미국'에 대한 서술이며, 인종이나 경제적 지위에 의해 분열되지 않은 사회에 대한 희망을 표현하고 있는 것으로 해석할 수 있다.

듀이가 귀족주의에 반대해서 민주주의에 편드는 결정적인 이유는 민주주의야말로 윤리적인 정당성을 갖는다고 보기 때문이다. 귀족주의의 전범이라고 할 수 있는 플라톤의 '공화국' 역시 개인이 국가 안에서 자아를 실현하게 된다는 것을 말하고 있긴 하지만, 듀이가 주목하는 것은 그러한 최종적인 목적이 아니라 그것을 실현하는 수단이다. 보편적인 것, 법, 통일된 목표 등이 밖에서부터 인간 안에 집어넣어지는 것이 아니라는 점을 플라톤의 귀족정치는 간과하고 있다. 외적으로 획득된 선으로 인간이 스스로를 실현하는 것은 아니다. 인간이 스스로를 실현하는 힘은 각 개인의 자유로부터 나온다. 이것이 듀이가 생각하는 귀족정치에는 없고 민주주의에는 있는 개인주의의 핵심이다. 듀이는 자유와 책임을 가진 각 개인이 개성을 실현할 수 있게 하는 것이 민주주의의 핵심적인 요소라고 보고 있다. 사회적 유기체로서의 개인의 자유는 무절제한 욕망을 표출하지 않는다. 법은 각자의 개성의 객관적 표현이며, 자유는 개성이 궁극의 목적이라는 윤리적 개념이다. 이런 관점에서 듀이는 민주주의의 이상은 자유를 포함한다고 주장한다.

평등의 개념에 관련해서도 듀이는 민주주의의 평등 개념을 단순히 산술적인 평등으로 보는 보수주의자들의 생각에 대해 반대하고 있다. 보수주의자들은 분배상의 불평등이 허용되고, 경쟁이 장려되어야 인간의 역사가 발전할 수 있다고 주장한다. 이런 불평등과 경쟁을 제거하고 평등을 도입하면 발전의 동기를 상실하게 된다는 것이다. 듀이는 평등이 자유와 마찬가지로 윤리적인 개념임을 강조한다. 개성은 보편적인 것이며, 불평등을 용인하는 귀족정치는 개성에 대한 모독이라는 것이다. 개성을 실현할 기회를 평등하게 보장받는다는 것이 듀이가 생각하는 민주주의 사회의 평등 개념이 가지고 있는 핵심적인 내용이다. 그리고 이러한 기회의 평등에는 경제적 민주주의의 개념이 포함되어 있다. 이것은 듀이가 부의 평등한 분배를 주장하고 있는 것이 아니라, 산업적 제도가 사회적 기능을 가져야 한다는 것을 의미한다. 귀족주의자들은 물질적인 이익을 획득하고 분배하는 것을 더 고차적인 삶의 가능성을 실현하기 위한 수단으로 간주했지만, 듀이는 경제적이며 산업적인 삶 자체가 개성의 실현을 위한 것이 되어야 한다고 보는 것이다. 듀이의 이런 주장에는 어느 정도 사회주의적인 요소가 포함되어 있는 것으로 볼 수 있다.

민주주의에 대한 듀이의 언급에서 눈길을 끄는 것은 다음과 같은 구절이다.

"지금까지 있어 왔던 모든 민주주의 운동은 국가의 범위를 확장시킴으로써, 그리고 모든 시민이 자신에게 속한 권리를 보증 받을 수 있다는 효과적인 통찰에 의해서 이루어져 왔다."[24]

신실용주의자인 로티에 의하면 듀이는 미국의 민주주의를 실용주의적인 정치적 실험을 통해서 성취해 나가야 할 프로젝트로 보았다. 이 구절에는 그의 민주주의 국가로서의 미국에 대한 희망이 표현되어 있는 것으로 보인다. 국가의 범위를 확장시켜 나간다는 것은 전에는 미국시민으로 인정받지 못했던 흑인이나 여성을 '우리'의 범주 안에 끌어안음으로써 '우리의 나라'라고 하는 공통의 목표를 성취해 나가는 것을 의미한다. 민주주의 프로젝트는 국가공동체의 개별적인 구성원들이 권리를 인정받으면서 개성을 실현시켜 나갈 수 있는 기반을 만들어갈 때 완수될 수 있을 것이다. 이것은 예컨대 우리나라의 민주주의 발전과도 연관지어 생각해 볼 수 있는 대목이다. 우리 사회에는 여전히 대한민국을 '우리나라'라고 자랑스럽게

부를 수 없는 삶의 조건 속에서 사는 사람들이 많이 있다. 사회적, 경제적 약자들이 각자의 개성을 실현시킬 수 있는 환경을 만들어낼 때 까지는 대한민국의 민주주의 역시 미완의 프로젝트라고 해야 할 것이다.

탈근대와 실용주의적 좌파

듀이의 민주주의론의 요점을 요약하자면, 정치적 자유와 기회의 평등, 그리고 경제 민주주의를 통한 개성의 실현 등을 들 수 있을 것이다. 듀이가 사회 구성원 각자가 개성을 실현할 수 있는 사회를 만드는 것을 민주주의의 목표와 관련짓고 있는 것과 마찬가지로, 로티 역시 실용주의자가 꿈꾸는 자유민주주의 사회의 이상을 자유로운 사회에서 각 개인이 자신의 사적인 완성을 위해 사는 삶 속에서 찾고 있다.

로티는 자신의 실용주의적인 정치철학적 입장을 '포스트모던 부르주아 자유주의'라고 부르고 있다. 이것은 북대서양의 부유한 민주주의 국가들의 제도와 관행을 옹호하면서 그런 제도와 관행이 확산되기를 희망하는 입장이다. 그는 이런 입장이 철학적인 정당화를 필요로 하지 않으며, 특정한 역사적, 경제적 조건하에서 가능하고 정당한 것이라고 생각한다. 그가 이런 명칭을 사용하는 이유는 철학적 자유주의가 자유주의의 철학적 정당화를 시도해 온 이론적인 작업이 불필요하다는 것을 말하기 위한 것이다. 포스트모더니즘은 주지하다시피 거대

담론을 불신하는 태도이다. 보편적이고 영원히 변하지 않는 진리에 근거해서 인간의 사회 제도와 관행을 정당화하려는 시도는 이미 시대착오적이다. 로티는 신실용주의를 내세우면서 인식론적으로나 존재론적으로 프랑스의 포스트모더니즘을 적극적으로 수용했다. 그는 데리다와 마찬가지로 로고스중심주의에 반대하며, 영원불변의 진리에 대한 거대담론은 그 실효성을 상실했다고 생각한다. 그가 말하는 '포스트모던 부르주아 자유주의'는 단지 부유한 북대서양 민주주의 국가의 시민들이 가지고 있는 사회적 희망을 충족시키고자 하는 입장을 일컫는 것일 뿐이다.

로티의 민주주의의 내용은 한 사회가 고통 받는 사람들의 잔인한 상황을 개선하기 위해 어느 정도로 실천적으로 노력하고 있는가에 의해 채워진다. 민주주의의 철학적 원리나 철학적 정당화는 그러한 실천에 비추어 결코 선행적인 것이거나 본질적인 것이 아니다. 다양한 정책적 시도를 통해서 잔인성을 감소시키고 자유를 확장시키는 자유로운 사회를 만들어 내는 것이 일차적인 과제이며, 필요하다면 추후에 그런 민주주의 사회의 철학적, 이론적 원리들을 정리해 낼 수도 있을 것이다. 민주주의적 실천이 철학적 원리에 우선한다는 로티의 생각을 단적으로 나타내주는 표현이 "우리가 정치적 자유를 돌본다면, 진리와 선은 스스로를 돌볼 것이다"[25]라는 명제이다. 그는 민주주의 사회가 어떤 원리에 입각해서 이루어지는 것이라고 생각하지 않았다. 한 사회의 제도나 관행에 대한 철학적 정당화의 작업은 이론적인 것이다. 이론은 그에 의하면 공적인 실천의 영역에 속하는 것이기보다는 사적인 완성과 관련된 영역이다. 각자가 자신이 생각하는 바를 말하고 실천할 수 있는 자유로운 사회가 만들어진다면 그런 사회에 대한 정당화를 시도하는 이론은 다양하게 꽃필 수 있을 것이다.

실용주의적인 실천이 보편적인 진리나 궁극적인 원리에 입각해서 이루어지는 것이 아니라는 사실은 실용주의자들의 노선이 점진적인 개혁주의가 될 수밖에 없음을 말해 준다. 사회 구성원 그 누구도 더 나은 사회를 만들어가는 데 있어서 최선의 대안을 가지고 있다고 말할 수 없다. 이것은 플라톤이 말하는 철학자 왕과 같은 존재가 있을 수 없다는 것이다. 모든 대안은 실용주의의 격률을 통해 실천적으로 그 현금가치를 입증해야 한다. 따라서 민주주의의 프로젝트는 다양한 차선책들이 대화와 타협을 통해 합의되고, 그 유용성을 검증할 실험대에 오르는 과정일 수밖에 없다. 그래서 로티는 실용주의자의 관점에서 '최선은 차선의 적이 될 수 있다'고 말한다.

본질주의 전통의 철학자들은 보편적이며 영원한 진리가 없다고 말하는 순간 우리는 비합리주의에 빠지게 되며, 전체주의와 같은 위험한 정치체제를 비판할 수 있는 이론적 근거마저도 상실하게 될 것이라고 우려한다. 실용주의 철학자들은 포스트모더니즘의 로고스중심주의에 대한 비판을 받아들이지만, 그렇다고 해서 비합리주의나 상대주의 혹은 니힐리즘에 빠지게 되는 것은 아니라고 생각한다. 실천적 영역이 이론적

진리의 영역과 본질적인 연관을 맺고 있는 것이 아니라는 것
이다. 실용주의자들의 관점에서는, 우리가 만들어가야 할 미
래의 사회가 어떤 이론적 진리에 근거해서 예정되어 있다거
나, 우리의 실천이 반드시 실현시켜야 할 본질적인 인간성과
같은 것이 존재한다고 하는 것은 근거 없는 이야기이다. 미래
의 가능성은 결정되어 있지 않으며, 미래가 어떻게 될 것인가
하는 것은 전적으로 우리의 실천에 달려있다. 이것은 우리 사
회의 미래에 대해 절망해야 할 이유가 아니라 오히려 희망을
가져야만 하는 이유이다. 우리에게 주어져 있는 것은 더 나은
사회를 만들겠다고 하는 실천적 의지와 그렇게 할 수 있다고
하는 미래에 대한 희망밖에 없기 때문이다.

　미래에 대한 희망을 갖기 위해서는 우리 자신이 속한 사회
에 대해 어느 정도의 자부심을 가질 필요가 있다. 로티는 자신
의 저서 『미국 만들기』에서 미국의 좌파가 미국에 대한 애국
심을 가져야 한다고 역설한다.[26] 자존심이 없는 인간이 도덕
적으로 비굴해지는 것과 마찬가지로 자부심이 없는 국가가 더
나은 사회를 만들기 위한 정책을 올바로 수행하기는 힘들다는
것이다. 이것은 매우 당연한 주장으로 들리지만, 사실상 기존
의 논의 틀을 해체하는 것이다. 현실적으로 미국의 좌파로 분
류되는 대학 강단이나 문단의 지성인들은 미국에 대한 애국심
을 표명하는 것을 금기시했으며, 오히려 미국을 당연히 없어
져야 할 제국주의 국가로 묘사해 왔기 때문이다. 미국에 대한
애국심은 쇼비니스트적인 보수주의자들의 전유물처럼 여겨져

왔다. 미국이 세계의 경찰 노릇을 하는 것이 당연하다고 여기는 미국의 근본주의자들은 미국이 신에 의해 특별히 선택받은 나라이며, 인류의 이상을 실현하는 사명을 가지고 있는 나라라고 믿는다. 그러나 로티가 미국의 애국심에 대해 말하는 것은 전혀 다른 맥락이다. 그는 듀이와 휘트먼이 꿈꾸었던 바, 실천을 통해서 만들어가야 할 세속주의적인 미국에 대한 애국심을 말하는 것이다. 실용주의자의 관점에서 보면 미국인이 선민의식을 가져야 할 어떤 이유도 없으며, 미국이 인간성을 실현하는 국가라고 볼 어떤 근거도 없다. 오히려 미국은 실패할 가능성을 크게 안고 있는 미완의 나라이다. 로티와 같은 실용주의자들이 미국에 대한 애국심을 강조하는 것은 과거의 제국주의적인 악행을 미화하고자 하는 것이 아니라 미완의 민주주의 프로젝트를 완수해 나가야 한다는 의지 때문이며, 미국을 제국주의적인 국가가 아니라 실용주의자들이 꿈꾸는 자유와 평등의 나라로 만들 수 있다는 희망 때문이다.

나는 실용주의자들이 말하는 애국심에 대한 담론에는 우리나라의 더 나은 미래를 고민하는 사람들에게도 귀담아 들을 내용이 있다고 생각한다. 우리나라에서도 대한민국의 정통성이나 애국심에 대한 이야기는 우파의 전유물처럼 되어 있는 듯하다. 스스로를 좌파라고 생각하는 사람들은 청산되지 않은 일제의 잔재와 군사독재의 유물 등을 들어 한국의 근현대사가 단절의 역사이고 정의가 한 번도 실현된 적이 없는 불행한 역사라고 여긴다. 그런 인식은 물론 우리 사회의 부정적인 면을 극복하고 더 나은 사회를 만들기 위한 고민에서 비롯된 것이다. 그러나 그런 역사인식이 한국이라는 나라에 대한 자부심을 갖지 못하게 하는 것이어서는 안 될 것이다. 근현대사는 한편으로는 끊임없는 민주주의 운동의 과정이기도 했다. 독재에 항거하고 자유와 평등의 이념을 실현하려는 아래로부터의 지속적인 실천이 이어져 왔다. 경제성장을 이루어 낸 것도 한국인들의 노력의 결과이다. 그런 긍정적인 측면들이 우파의 정치적 선전물로 이용되는 것을 방관하는 것은 잘못이다. 변화를 갈망하는 한국인들의 역동성은 언제나 한국을 더 나은 사회로 만들어 나갈 수 있는 힘이다. 한국의 좌파는 한국에 대한 자부심이 근거 없는 선민의식이나 시대착오적인 민족주의로 인해 쇼비니스트적으로 흐르는 것을 경계하면서 더 나은 사회를 만들어 갈 수 있는 실효성이 있는 힘이 되게끔 할 정책적 대안을 고민해야 할 것이다.

문학과 대안적 문화; 실용주의적인 지식이란?

오늘날 실용주의는 돈벌이와 관련되어 언급되는 경향이 강하다. 이런 경향이 가장 단적으로 나타나는 것이 대학의 커리큘럼이다. 학생들을 모집하기가 점점 어려워지고 있는 여러 대학에서는 학과의 구조조정을 단행해 왔다. 졸업해서 취직할 길이 막연한 학과는 폐과를 시키거나 학과의 명칭을 바꾸는 일이 진행되고 있다. 이런 과정에서 가장 불이익을 받는 학과는 소위 순수학문과 관련된 학과들이다. 우리나라 대부분의 대학은 학문의 전당이기를 포기하고 취업학원이나 고시원이 되기를 자처하고 있다. 그리고 이런 식의 구조조정을 실용주의적이라고 자평한다.

돈 되는 학과를 중심으로 대학을 운영하겠다는 대학의 소위 CEO 총장들의 이런 생각들은 과연 실용주의적인 것이라고 할 수 있을까? 이것은 실용주의라고하기보다는 차라리 실리주의나, 신자유주의, 현실순응주의 등으로 부르는 것이 옳을 것이다. 오로지 취업이나 졸업 후의 안정된 직장을 얻는 것을 목표로 대학에 들어오는 학생들이 과연 실용주의 철학자들이 말하는 개성을 실현하고 기존의 틀을 깨뜨리는 창의력을 키울 수가 있을까? 아마도 그런 대학의 교수들은 현실의 제도와 관행에 순응하는 인간으로 학생들을 가르칠 것이며, 학생들은 경쟁에서 승리하기 위한 얄팍하고 단편적인 지식을 습득하는 데 몰두할 것이다. 실용주의 철학자들은 전체적으로 사고하고, 경계를 넘어서 사고할 것을 요구한다. 따라서 소위 취업이 잘 되는 실용적인 학과와 과목만으로 커리큘럼을 채우는 대학은 역설적이게도 실용주의적인 정신을 죽이게 될 것이다.

듀이는 실용주의적인 지식을 다음과 같이 정의했다.

"우리로 하여금 환경을 우리의 욕구에 맞게 적용할 수 있게 해 주고, 우리의 목적과 욕망을 우리가 살고 있는 상황에 적용할 수 있게 해 줄 수 있도록 우리의 성향 안으로 조직화되어 들어온 것만이 진정으로 지식이라고 할 수 있다. 지식은 단순히 우리가 지금 의식하고 있는 어떤 것이 아니라, 지금 일어나고 있는 일을 이해할 때 우리가 의식적으로 사용하고 있는 성향을 구성하는 것이다. 행위로서의 지식은 우리 자신과 우리가 살고 있는 세계 사이의 연관을 이해함으로써 곤란한 일을 풀어나간다는 관점으로 우리의 성향 중 어떤 것을 의식으로 가져가는 것이다."[27]

듀이는 실용주의적인 지식이 돈이 되는 지식이라고 말하고 있는 것이 아니라, 전체적인 삶의 연관을 조망함으로써 우리가 당면한 문제를 현명하게 해결할 수 있는 지식이라고 말하고 있는 것이다. 이런 지식을 습득하기 위해서는 폭넓은 교양이 필요하다. 편협하고 단편적인 지식을 기능적으로 습득해서는 다양한 삶의 맥락에서 발생하는 문제를 해결할 수 있는 능력을 키울 수 없을 것이다. 전체를 조망하면서 구체적인 맥락에서 적확한 대안을 제시할 수 있는 실천적 지혜가 실용주의자들이 말하는 지식이라고 할 수 있을 것이다.

로티의 경우에는 실용주의적 지식인상을 '문학적 지식인'이라고 부르고 있다. 로티는 문학적 지식인의 특징을 다음과 같이 서술하고 있다.

"내가 '문학적 지식인'이라고 부르는 사람들은 현재 인간의 상상력이 직면한 한계와 대면하지 않고 사는 삶은 살 만한 가치가 없다고 생각한다. 문학적 지식인은 소크라테스적인 자기 성찰과 자기 지식이라는 이념을, 인간에게 펼쳐져 있는 더 많은 가능성을 숙지함으로써 자아를 확장하는 이념으로 대치하였다. 문학적 지식인은 어떤 책이나 전통이 지고한 힘과 사랑을 지닌 인간이 아닌 존재와 당신을 연결시켜 줄 수 있다는 종교적 이념을 블룸적인 사상으로 대치한다. 블룸의 생각에 의하면, 당신이 더 많은 책을 읽으면 읽을수록, 인간 삶의 더 많은 방식들을 고려할수록, 더욱더 인간적이 될수록, 시간과 우연에서 벗어나려는 꿈을 덜 꾸고 싶어지고 우리 서로를 제외하고는 우리 인간들이 기댈 곳은 없다는 것을 더욱더 확신하게 된다."[28]

로티가 '문학적 지식인'이라고 부르는 인물은 기존의 관습이나 제도에 얽매이지 않고, 새로운 가치를 만들어 내는 지식인이다. 그는 그러한 가치를 만들어냄에 있어서, 전통적인 지식인들이 했던 것처럼, 신이나 진리와 같은 초인간적인 어떤 것에 호소하기보다는 인간이 처한 역사적 한계와 우연성을 받아들이면서, 지금까지 생각하지 못했던 인간의 가능성을 만들어 내고자 하는 인물이다.

로티가 여기서 '문학적'이라는 표현을 사용하고 있는 것은 실용주의에 대한 일반적인 선입견을 깨기에 충분할 것이다. 문학은 돈이 되지 않기 때문에 흔히 실용적인 것과는 가장 거리가 먼 것이라고 여겨진다. 그러나 로티는 지금까지의 보편적인 진리에 대한 탐구에 바탕을 두고 있는 철학적, 과학적 문화에 대한 대안적인 문화를 '문학적 문화'라고 부르고 있다. 왜냐하면 소설이나 시야말로 영원성이나 보편성에 기대지 않으면서 인간의 가능성을 확장시키는 창조적인 상상력이 발휘되는 대표적인 영역이기 때문이다.

간단히 말하면 실용주의적인 지식이란 현실에 순응해서 돈벌이를 하는 데 도움이 되는 지식을 일컫는 것이 아니라, 인간이 처한 한계에 도전하면서, 인간의 가능성을 확장시키는 창조적인 지식을 말하는 것이다. 대학이 실용주의적인 지식인을 키우고자 한다면, 단편적인 지식이나 기능을 숙달한 직업적 전문가를 키울 것이 아니라, 폭넓은 교양을 갖추고 문제해결 능력을 습득한 실천적인 지혜를 갖춘 지성인을 길러 내야 할 것이다.

오늘날 우리에게 실용주의가 갖는 의미

오늘날 한국은 다양한 도전에 직면해 있다. 국제적인 냉전의 시대가 끝났음에도 불구하고 통일문제가 해결되지 않는 한 한국은 여전히 이념적인 논쟁으로부터 자유로울 수 없는 상황이다. 한국은 또한 그동안 지속되어 온 경제적인 성장을 이어갈 것인지 아니면 마땅한 성장동력을 찾지 못해 그 흐름이 중단될 것인지의 기로에 서 있다. 또한 한국은 세계화로 인해 급속하게 유입된 다양한 문화들 간의 갈등을 중재하고 각기 다른 문화를 가진 사람들이 자신이 옳다고 믿는 가치에 따라 살 수 있는 다원주의 문화를 창출해야 하는 새로운 국면에 접어들었다. 그리고 무엇보다도 경쟁의 심화와 경제적 양극화를 불러올 신자유주의의 도전에 직면해 있다.

로티는 미국의 민주주의 프로젝트가 미완의 프로젝트이며 오늘날과 같이 노동자가 CEO가 받는 월급의 200분의 1의 월급을 받는 상황이 당연한 것으로 여겨진다면, 그 미완의 프로젝트는 필연적으로 실패할 것이라고 단언한다. 듀이와 로티가 꿈꾸는 민주주의적인 미국은 정치적 자유와 경제적 평등이 실현됨으로써, 각자가 자율적인 삶을 추구할 수 있는 사회이다.

오늘날 한국의 실용주의자들은 어떤 한국을 꿈꾸어야 하는가? 한국의 실용주의자들 역시 대한민국이 '우리나라'라고 자부심을 가지고 말할 수 있는 민주주의적이며, 다원주의적인 국가가 되기를 희망해야 할 것이다. 그 사회에서는 전체주의적인 이념이나 독단적인 지도자에 의해 고통 받는 사람이 없어야 하며, 경제적인 궁핍으로 인해 굴욕적인 삶을 감수해야 하는 사람이 없어야 할 것이다. 그리고 지역적, 인종적, 종교적, 성적 차이로 말미암아 차별 받는 사람들이 없어야 할 것이다.

실용주의자가 꿈꾸는 사회는 황금만능주의 사회, 경제지상주의 사회가 아니라 각자가 소중하게 생각하는 삶의 가치를 추구할 자유가 보장되는 다원적이고 민주적인 사회이다. 이러한 사회의 건설을 위해서 실용주의자들은 한국인들이 지금까지 생각해 보지 못했던 희망의 한국을 상상해 낼 것을 요구하며, 한국 사회를 관용이 없는 사회로 만들고 있는 잘못된 관습과 제도, 그리고 수구적인 세력에 맞서 진보를 꿈꾸는 자들이 연대해 실천에 나설 것을 촉구한다.

듀이는 교육을 민주주의적인 시민을 길러 내는 실천이라고 보았다. 실용주의자들이 만들고자 하는 민주주의적이며 다원주의적인 사회의 건설은 기회의 평등을 약속하는 교육에서 출발한다고 해도 좋을 것이다. 실용주의자들이 바라는 잔인성의 감소와 자유의 확장을 위해서 가장 경계해야 할 것은 한국 사회가 20대 80의 사회로 고착되는 것이다. 신자유주의적인 자본주의는 경쟁을 심화시킴으로써 경제적 약자들을 더 잔인한 상황으로 몰고 갈 것이다. 이것은 경제적 지위에 의해서 새로운 계급 제도가 발생할 수 있다는 것을 말하는 것이다. 우연적인 출생에 의해서 대다수의 사람들이 굴욕적인 삶을 감수해야 하는 사회에서는 르상티망[29]이 만연함으로써 가진 자나 못 가진 자나 모두 공멸의 길을 걷게 될 것이다. 만약에 한국이 제국주의적인 신자유주의에 순응함으로써 새로운 계급제도를 고착화시킨다면 대다수의 사람들이 '우리나라'라고 부를 나라는 존재하지 않게 될 것이다.

실용주의는 한계에 직면해서 새로운 미래를 창조해 내자고 하는 철학이다. 이러한 과제를 위해서는 자율적이며, 창의적이고, 관용적인 사회 구성원들이 다수가 되어야 한다. 실용주의적인 교육은 경제적인 실리만을 추구하는 직업적인 전문가를 키우는 것과는 상관이 없다. 실용주의자들은 교육을 통해서 아무도 상상하지 못한 한국의 미래를 꿈꿀 수 있는 민주주의적인 시민을 길러 내야 한다. 교육은 가진 자들의 출세수단이 아니라 기회의 평등을 의미하는 것이어야 한다.

신자유주의적인 세계화의 도전에 직면해 있는 한국에서 실용주의는 특정한 계층의 이익을 위한 정치적인 슬로건이 되어서는 안 된다. 한국의 실용주의는 자본주의의 새로운 국면이 제기하고 있는 획일적이고, 억압적인 질서에 맞서 사회 구성원 모두가 자부심을 가질 수 있는 나라를 만들고자 하는 사람들의 연대를 위한 구호가 되어야 한다.

주

1) 퍼스, '관념을 명석하게 하는 방법', 『프래그머티즘의 길잡이』, 철학과 현실사, 2001, 83쪽.

2) Richard Rorty, *Philosophy and Social Hope*, Penguin Books, 1999, pp.273-274.

3) John Patrick Diggins, *The Promise of Pragmatism*, The University of Chicago Press, 1994, pp.386-403 참조.

4) 루이스 메난드, 『프래그머티즘의 길잡이』, 철학과 현실사, 2001, 11-12쪽.

5) 이보형은 이런 점이 미국적인 철학으로서의 실용주의를 이해하는데 중요하다고 언급한다. 이보형 외, 『미국인의 생활과 실용주의』, 민음사, 1986, 44-45쪽 참조. 특히 이 책은 미국인들의 생활방식과 실용주의의 관계를 이해하는 데 도움이 된다.

6) 로웰연구소의 강의를 묶은 책으로서 국내에 번역된 제임스의 『실용주의』(아카넷)라는 책은 이 책을 번역한 것이 아니라, 제임스의 논문선집을 번역한 것이다.

7) 이유선, 『듀이&로티』, 김영사, 2007, 67-69쪽 참조. 이 책의 '고전적 실용주의'의 내용은 졸저인 『듀이&로티』의 내용을 바탕으로 재서술한 부분이 있음을 밝혀 둔다.

8) 더 자세한 내용은 위의 책, 108-109쪽 참조.

9) 여기서 소개하는 로티의 입장은 졸고 「로티의 정치철학-세속주의자가 꿈꾸는 희망의 미국」(사회비평 37호, 나남출판사, 2007년 가을)의 내용을 부분적으로 수정 가필한 것임을 밝혀 둔다.

10) 로티와의 인터뷰를 묶어 책으로 출간한 멘디에타는 "자유를 돌보면, 진리는 스스로를 돌본다"는 로티의 말을 책의 제목으로 삼았다.(Eduardo Mendieta, *Take Care of Freedom and Truth Will Take Care of Itself*, Stanford University Press, 2006.)

11) Richard Rorty, 'Human Rights, Rationality, and Sentimentality', *Truth and Progress*, Cambridge University Press, 1998, p.170.

12) Richard Rorty, 'Science as Solidarity', *Objectivity, Relativism, and Truth*, Cambridge University Press, 1991, p.39.

13) Richard Rorty, 'Rationality and Cultural Difference', *Truth and Progress*, Cambridge University Press, 1998, p.186.

14) 리처드 로티, 「철학과 문화의 혼성화」, 『지식의 지평』 창간호, 한국학술협의회, 2006, 38쪽.

15) 같은 책, 55-56쪽.

16) 이와 관련한 자세한 논의는 졸고, 「동아시아 공동체의 가능성과 시민사회」(사회와 철학 11호, 사회와 철학 연구회, 2006.) 참고. 여기서는 이 논문의 내용을 부분적으로 수정 가필하였음.

17) 박길성, 『세계화: 자본과 문화의 구조변동』, 사회비평사, 1996, 70쪽.

18) 이승환, 「아시아적 가치의 담론학적 분석」, 『아시아적 가치』, 전통과 현대, 1999, 320쪽.

19) 이보형, 「프래그머티즘과 미국인의 생활양식」, 『미국인의 생활과 실용주의』, 민음사, 1986, 28-33쪽 참조.

20) 지그문트 바우만, 『자유』, 이후, 2002, 125쪽 참조.

21) 제레미 리프킨, 『소유의 종말』, 민음사, 2001, 17쪽 참조.

22) John Dewey, *Reconstruction in Philosophy*, A Mentor Book, 1954 (Original Edition 1920), p.54 참조.

23) 존 듀이, 「민주주의의 윤리」, 『프래그머티즘의 길잡이』, 루이스 매난드 엮음, 철학과 현실사, 2001, 269쪽 참조.

24) 같은 책, 284쪽.

25) 리처드 로티, 『우연성, 아이러니, 연대성』, 민음사, 1996, 163쪽.

26) 리처드 로티, 『미국 만들기』, 동문선, 2003, 11쪽.

27) 듀이, 「지식의 이론들」, 『프래그머티즘의 길잡이』, 철학과 현실사, 2001, 305쪽.

28) 리처드 로티, 「구원적 진리의 쇠퇴와 문학문화의 발흥」, 『구원적 진리, 문학문화, 그리고 도덕철학』, 아카넷, 2001 봄 한국학술협의회 석학연속강좌 특별강연집, 2001, 7쪽; 로티의 문학적 문화에 대한 자세한 내용은 졸고, 「문화적 가치판단

의 기준과 문학적 문화」, 『사회와 철학 12호』, 사회와 철학연구회, 2006, 참조.

29) 르상티망이란 니체가 말하는 노예도덕의 핵심적인 어휘로, 니힐리즘적인 원한의 감정, 복수욕을 뜻한다. 예를 들어 홍수로 자신의 집이 떠내려갔다고 해서 비가 더 많이 내리길 바란다거나, 경제적인 능력이 없어서 갖고 싶은 차를 살 수 없는 사람이 외제차가 지나가는 것을 보고 사고가 나기를 바란다면 그런 감정을 르상티망이라고 할 수 있다. 이런 감정이 만연한 사회에서 사회적 약자는 사회에 대해 부정적인 복수의 감정을 갖게 될 것이고, 건강한 사회의 구성원이 되기 힘들다.

참고문헌

루이스 메난드, 『프래그머티즘의 길잡이』, 철학과 현실사, 2001.

리처드 로티, 「구원적 진리의 쇠퇴와 문학문화의 발흥」, 『구원적 진리, 문학문화, 그리고 도덕철학』, 아카넷, 2001 봄 한국학술협의회 석학연속강좌 특별강연집, 2001.

리처드 로티, 「철학과 문화의 혼성화」, 『지식의 지평』 창간호, 한국학술협의회, 2006.

리처드 로티, 『미국 만들기』, 동문선, 2003.

리처드 로티, 『우연성, 아이러니, 연대성』, 민음사, 1996.

박길성, 『세계화: 자본과 문화의 구조변동』, 사회비평사, 1996.

이보형 외, 『미국인의 생활과 실용주의』, 민음사, 1986.

이승환, 「아시아적 가치의 담론학적 분석」, 『아시아적 가치』, 전통과 현대, 1999.

이유선, 「동아시아 공동체의 가능성과 시민사회」, 사회와 철학 11호, 사회와 철학 연구회, 2006.

이유선, 「로티의 정치철학-세속주의자가 꿈꾸는 희망의 미국」, 사회비평 37호, 나남출판사, 2007년 가을.

이유선, 「문화적 가치판단의 기준과 문학적 문화」, 『사회와 철학 12호』, 사회와 철학연구회, 2006.

이유선, 『듀이&로티』, 김영사, 2007.

제레미 리프킨, 『소유의 종말』, 민음사, 2001.

지그문트 바우만, 『자유』, 이후, 2002.

퍼스, '관념을 명석하게 하는 방법', 『프래그머티즘의 길잡이』, 철학과 현실사, 2001.

Eduardo Mendieta, *Take Care of Freedom and Truth Will Take Care of Itself*, Stanford University Press, 2006.

John Dewey, *Reconstruction in Philosophy*, A Mentor Book, 1954.

John Patrick Diggins, *The Promise of Pragmatism*, The University of

Chicago Press, 1994.

Richard Rorty, 'Science as Solidarity', *Objectivity, Relativism, and Truth*, Cambridge University Press, 1991.

Richard Rorty, 'Human Rights, Rationality, and Sentimentality', *Truth and Progress*, Cambridge University Press, 1998.

Richard Rorty, 'Rationality and Cultural Difference', *Truth and Progress*, Cambridge University Press, 1998.

Richard Rorty, *Philosophy and Social Hope*, Penguin Books, 1999.

프랑스엔 〈크세주〉, 일본엔 〈이와나미 문고〉,
한국에는 〈살림지식총서〉가 있습니다.

📖 전자책 | 🔍 큰글자 | 🔊 오디오북

실용주의

펴낸날	**초판 1쇄** 2004년 4월 30일
	초판 4쇄 2021년 2월 1일

지은이	**이유선**
펴낸이	**심만수**
펴낸곳	**(주)살림출판사**
출판등록	1989년 11월 1일 제9-210호

주소	경기도 파주시 광인사길 30
전화	031-955-1350 팩스 031-624-1356
홈페이지	http://www.sallimbooks.com
이메일	book@sallimbooks.com

ISBN	978-89-522-0868-2 04080
	978-89-522-0096-9 04080 (세트)

026 미셸 푸코　　eBook

양운덕(고려대 철학연구소 연구교수)

더 이상 우리에게 낯설지 않지만, 그렇다고 손쉽게 다가가기엔 부담스러운 푸코라는 철학자를 '권력'이라는 열쇠를 가지고 우리에게 열어 보여 주는 책. 권력은 어떻게 작용하는가에서 논의를 시작하여 관계망 속에서의 권력과 창조적·생산적·긍정적인 힘으로서의 권력을 이야기해 준다.

027 포스트모더니즘에 대한 성찰　　eBook

신승환(가톨릭대 철학과 교수)

포스트모더니즘의 역사와 논의를 차분히 성찰하고, 더 나아가 서구의 근대를 수용하고 변용시킨 우리의 탈근대가 어떠한 맥락에서 이해되는지를 밝힌 책. 저자는 오늘날 포스트모더니즘으로 대변되는 탈근대적 문화와 철학운동은 보편주의와 중심주의, 전체주의와 이성 중심주의에 대한 거부이며, 지금은 이 유행성의 뿌리를 성찰해 볼 때라고 주장한다.

202 프로이트와 종교　　eBook

권수영(연세대 기독상담센터 소장)

프로이트는 20세기를 대표할 만한 사상가이지만, 여전히 적지 않은 논란과 의심의 눈초리를 받고 있다. 게다가 신에 대한 믿음을 빼앗아버렸다며 종교인들은 프로이트를 용서하지 않을 기세이다. 기독교 신학자인 저자는 이 책을 통해 종교인들에게 프로이트가 여전히 유효하며, 그를 통하여 신앙이 더 건강해질 수 있다는 점을 보여 주려 한다.

427 시대의 지성 노암 촘스키　　eBook

임기대(배재대 연구교수)

저자는 노암 촘스키를 평가함에 있어 언어학자와 진보 지식인 중 어느 한 쪽의 면모만을 따로 떼어 이야기하는 것은 불합리하다고 말한다. 이 책에서는 촘스키의 가장 핵심적인 언어이론과 그의 정치비평 중 주목할 만한 대목들이 함께 논의된다. 저자는 촘스키 이론과 사상의 본질에 다가가기 위한 이러한 시도가 나아가 서구 사상을 받아들이는 우리의 자세와도 연결된다고 믿고 있다.

024 이 땅에서 우리말로 철학하기

이기상(한국외대 철학과 교수)

우리말을 가지고 우리의 사유를 펼치고 있는 이기상 교수의 새로운 사유 제안서. 일상과 학문, 실천과 이론이 분리되어 있는 '궁핍의 시대'에 사는 우리에게 생활세계를 서양학문의 식민지화로부터 해방시키고, 서양이론의 중독으로부터 벗어나야 한다고 역설한다. 저자는 인간 중심에서 생명 중심으로의 변화와 관계론적인 세계관을 담고 있는 '사이 존재'를 제안한다.

025 중세는 정말 암흑기였나   eBook

이경재(백석대 기독교철학과 교수)

중세에 대한 친절한 입문서. 신과 인간에 대한 중세인의 의식을 다루고 있는 이 책은 어떻게 중세가 암흑시대라는 일반적인 인식을 가지게 되었는지에 대한 물음을 추적한다. 중세는 비합리적인 세계인가, 중세인의 신앙과 이성은 어떠한 관계를 갖고 있는가 등에 대한 논의를 하고 있다.

065 중국적 사유의 원형   eBook

박정근(한국외대 철학과 교수)

중국 사상의 두 뿌리인 『주역』과 『중용』을 철학적 관점에서 접근한다. '산다는 것은 무엇인가?'라는 근원적 질문으로부터 자생한 큰 흐름이 유가와 도가인데, 이 두 사유의 흐름을 거슬러 올라가다 보면 그 둘이 하나로 합쳐지는 원류를 만나게 된다. 저자는 『주역』과 『중용』에 담겨 있는 지혜야말로 중국인의 사유세계를 지배하는 원류라고 말한다.

076 피에르 부르디외와 한국사회   eBook

홍성민(동아대 정치외교학과 교수)

부르디외의 삶과 저작들을 통해 그의 사상을 쉽게 소개해 주고 이를 통해 한국사회의 변화를 호소하는 책. 저자는 부르디외가 인간의 행동이 엄격한 합리성과 계산을 근거로 행해지기보다는 일정한 기억과 습관, 그리고 사회적 전통에 영향을 받는다는 사실로부터 시작한다는 점을 강조한다.

096 철학으로 보는 문화

`eBook`

신응철(숭실대 인문과학연구소 연구교수)

문화와 문화철학 연구에 관심 있는 사람을 위한 길라잡이로 구상된 책. 비교적 최근에 분과학문으로 등장하기 시작한 문화철학의 논의에 반드시 들어가야 할 요소를 선택하여 제시하고, 그 핵심 내용을 제공한다. 칸트, 카시러, 반 퍼슨, 에드워드 홀, 에드워드 사이드, 새무얼 헌팅턴, 수전 손택 등의 철학자들의 문화론이 소개된다.

097 장 폴 사르트르

`eBook`

변광배(프랑스인문학연구모임 '시지프' 대표)

'타자'는 현대 사상에 있어 가장 중요한 개념 중 하나이다. 근대가 '자아'에 주목했다면 현대, 즉 탈근대는 '자아'의 소멸 혹은 자아의 허구성을 발견함으로써 오히려 '타자'에 관심을 갖게 되었다. 그리고 타자이론의 중심에는 사르트르가 있다. 사르트르의 시선과 타자론을 중점적으로 소개한 책.

135 주역과 운명

`eBook`

심의용(숭실대 강사)

주역에 대한 해설을 통해 사람들의 우환과 근심, 삶과 운명에 대한 우리의 자세를 말해 주는 책. 저자는 난해한 철학적 분석이나 독해의 문제로 우리를 데리고 가는 것이 아니라 공자, 백이, 안연, 자로, 한신 등 중국의 여러 사상가들의 사례를 통해 우리네 삶을 반추하는 방식을 취한다.

450 희망이 된 인문학

`eBook`

김호연(한양대 기초·융합교육원 교수)

삶 속에서 배우는 앎이야말로 인간의 운명을 바꿀 수 있는 기회를 준다. 그래서 삶이 곧 앎이고, 앎이 곧 삶이 되는 공부를 하는 것이 무엇보다 중요하다. 저자는 인문학이야말로 앎과 삶이 결합된 공부를 도울 수 있고, 모든 이들이 이 공부를 할 수 있어야 한다고 믿는다. 특히 '관계와 소통'에 초점을 맞춘 인문학의 실용적 가치, '인문학교'를 통한 실제 실천사례가 눈길을 끈다.

eBook 표시가 되어있는 도서는 전자책으로 구매가 가능합니다.

(주)살림출판사

www.sallimbooks.com

주소 경기도 파주시 문발동 522-1 | 전화 031-955-1350 | 팩스 031-955-1355